NOTICE HISTORIQUE

SUR L'ÉTABLISSEMENT

DES FONDERIES DE ROMILLY-SUR-ANDELLE

(EURE).

PAR M. ROËTTIERS DE MONTALEAU,

OFFERTE PAR LUI A SES CO-ASSOCIÉS.

PARIS,
IMPRIMERIE DE COSSON, RUE DU FOUR-SAINT-GERMAIN, 47.

AVRIL 1850.

NOTICE
SUR LES FONDERIES
DE ROMILLY.

Paris. — Imprimerie de COSSON, rue du Four-St-Germain, 47.

NOTICE HISTORIQUE

SUR L'ÉTABLISSEMENT

DES FONDERIES DE ROMILLY-SUR-ANDELLE

(Eure),

Par M. ROETTIERS DE MONTALEAU,

OFFERTE PAR LUI A SES COASSOCIÉS.

En 1781, un homme de génie, M. Lecamus de Limare, conçut l'idée d'affranchir la France du tribut qu'elle payait à l'Angleterre pour la fourniture de tous les cuivres laminés et martelés.

L'industrie du laminage et du martelage en grand y était totalement ignorée.

M. de Limare, doué de grandes connaissances en mécanique et en métallurgie, sut pénétrer dans l'intérieur des fabriques anglaises; s'y procura des ouvriers spéciaux, et fonda l'établissement de Romilly, près du village de ce nom, sur la petite rivière d'Andelle, et sur l'emplacement de trois moulins à fouler le drap, qu'il acquit d'un sieur Lancelevée.

Dans le courant de 1782, l'établissement fabriquait déjà quelques feuilles de cuivre.

Jusqu'au commencement de 1785, cette manufacture n'avait été, entre les mains de M. Lecamus de Limare, qu'une faible et malheureuse entreprise que M. Chauvet du Havre soutenait en vain de son crédit et de ses efforts, lorsqu' un Espagnol, M. Isquierdo, désirant sauver son ami de la déroute dont il était menacé, s'adressa à MM. Lecouteulx et compagnie de Paris. Ceux-ci, par suite de l'intérêt qu'ils avaient toujours pris à ce qui pouvait accroître l'industrie nationale, écoutèrent ses propositions.

MM. Lecouteulx se transportèrent aussitôt à Romilly, et au premier aperçu ils furent séduits du parti utile qu'on pouvait tirer de la branche d'industrie qui venait d'y être créée. Ils furent convaincus que l'administration de cette affaire exigeait une comptabilité vigilante, des capitaux et du crédit. Ils pensèrent qu'on ne pouvait obtenir une pareille administration qu'autant que de bons et honnêtes négociants voudraient en faire leur propre affaire.

MM. Lecouteulx formèrent aussitôt le projet d'en partager l'entreprise avec une des premières maisons de Rouen, MM. Lefebvre frères.

MM. Lecouteulx se persuadèrent en même temps qu'en y prenant un fort intérêt, il serait plus convenable qu'ils ne parussent pas en nom dans la première administration. Ils furent persuadés que, par cette disposition, ils aideraient plus efficacement l'entreprise dans ses premiers essais, parce qu'ils n'accorderaient ainsi le concours de leurs moyens et de leur crédit qu'autant que l'affaire prendrait une marche prudente et raisonnée.

C'est d'après ces dispositions que fut rédigé un acte de société, le 16 avril 1785, passé devant M° Dosne, notaire à Paris, entre MM. Lecamus de Limare, chevalier de Saint-Louis, Isquierdo de Rivera, vice directeur du cabinet du roi d'Espagne, et MM. Elie Lefebvre frères, négociants à Rouen.

Le 7 mai suivant, ces trois messieurs cédèrent chacun une partie de leurs actions, et la Compagnie se trouva composée ainsi :

MM. Lecamus de Limare,   MM. Lecouteulx de la Noraye,
Isquierdo de Rivera,   Laurent Lecouteulx,
Dosne, notaire,   Lecouteulx de Canteleu.
Lecouteulx de Verclives,   Ch. A. Lefebvre,
Lecouteulx du Molcy,   H. V. Lefebvre,

ces dix messieurs possédant entre eux vingt-cinq actions de 32,000 fr. chacune, et formant un capital social de 800,000 fr.

Par l'acte de société, MM. de Limare et Isquierdo s'étaient réservé chacun deux actions non faisant fonds, et qui ne seraient au même droit que les vingt-cinq ci-dessus, que lorsque le capital de la Société, indépendamment des intérêts à raison de 6 pour 100 l'an, aurait été doublé par les bénéfices. M. de Limare devait toucher en outre une somme de 24,000 fr., à l'époque où ce succès serait obtenu. Une cinquième action non faisant fonds fut réservée par la Société qui aviserait sur son emploi.

MM. Elie Lefebvre, frères, furent chargés de la comptabilité à Rouen, et MM. de Limare et Isquierdo, de la direction de l'usine.

Pour reconnaître les soins de ces gérants, l'acte social leur accordait 4 pour 100 sur le produit de toutes les ventes, à se partager entre eux, savoir : les deux tiers de ces 4 pour 100 à MM. Lefebvre qui, au moyen de cette allocation, avaient à leur charge les bureaux et magasins, et l'autre tiers pour MM. de Limare et Isquierdo. La Société accorda ensuite à ces deux derniers 7,200 fr. par an, pour frais de représentation et frais de ménage de la direction à Romilly. M. Isquierdo étant parti peu de temps après pour l'Espagne, M. de Limare toucha seul cette somme qui, en 1788, fut portée à 9,600.

1787.   Le premier inventaire qui fut fait par la Société, est du 17 mars 1787. Il ne présente ni perte ni bénéfice.

L'on reconnut alors que le fonds social était trop faible pour l'importance des affaires. Déjà les emprunts montaient à 800,000 fr. On arrêta de doubler les actions, qui furent alors portées au nombre de cinquante, pour la somme de 1,600,000 fr.

Tel fut l'objet de l'acte supplémentaire de société, signé à Rouen le 18 avril 1787.

Lors de la formation de la Société, il existait entre M. de Limare et M. le maréchal de Castries un traité pour les fournitures de la marine. M. de Limare le céda à la Compagnie. Mais à cette époque Romilly n'était point en état de satisfaire à tous les besoins, et dans les premières années, tout ce qui ne pouvait se fabriquer s'achetait à Londres par les soins de MM. Lecouteulx, et était censé provenir de l'usine naissante.

A partir du doublement des actions seulement, l'on arrêta de tenir les écritures en partie double. Le bureau fut organisé à Romilly pour la gestion de l'usine. Sous M. de Limare, M. Laisné, entré à l'établissement le 1ᵉʳ janvier 1786 comme directeur, avait d'appointements. .   2,000 fr.

M. Grimpret, inspecteur.   1,500

M. Adrien Laisné, caissier.   1,300

Ces employés étaient logés et nourris. Cet ordre de choses dura jusqu'au 6 septembre 1791, époque à laquelle la nourriture fut supprimée et remplacée par un supplément d'appointements

Le 28 avril 1788, la Société autorisa la construction de l'établissement des ponts, immédiatement au-dessus de celui du Perpignan où sont situées les principales usines. On avait l'espoir que la dépense ne dépasserait pas la somme de 140,000 fr.

M. Isquierdo, après trois ans d'absence, revint en France. Il réclama sa part du tiers des commissions accordé à M. de Limare; elle lui fut refusée.

1789. Au commencement de 1789, les bénéfices de la Société, intérêts à 6 pour 100 l'an payés, montaient déjà à la somme de. . . 340,000 fr.

En 1789, il y eut perte de. 110,000

Ce qui réduisit le bénéfice acquis à . . . . 240,000 fr.

Le doublement des actions introduisit dans la Société un plus grand nombre de personnes, ce qui détermina la translation du siége de la Société de Rouen à Paris, vu que la majorité des intéressés résidait dans cette dernière ville.

1790. La maison Lecouteulx de Paris se chargea de la direction des affaires, sauf à elle à s'entendre avec les intéressés de Rouen sur la commission.

1791. En 1791, la fabrique dut une assez grande activité à la fabrication des flaons ou sols qui étaient frappés à la monnaie de Rouen par M. Lambert directeur. On accorda à M. de Limare une prime d'un sol par livre.

C'est dans cette même année qu'il fut autorisé à faire construire son grand jardin. Après sa mort, on reconnut que cette dépense de luxe s'était élevée à une somme beaucoup plus forte que celle qu'il avait été autorisé à y affecter.

Dans cette année les principaux associés délibérants étaient :

MM. Lecouteulx frères,   MM. Pache,
Dosne,   Billouard,
Anson,   Kersaint,
de Limare,   Defoissy,
de Tourolle,   Devin,
Saillard,   Césarge,
Darthenay,   Hellot.

M. Gorlay ne devint associé direct que dans l'année suivante.

Sur le rapport de M. Saillard, l'organisation de l'affaire fut tout-à-fait changée, ce qui donna lieu à un grand débat entre MM. Lecouteulx frères et la Société.

Ces messieurs voulurent prouver par un long rapport, que l'on avait méconnu les services qu'ils avaient rendus, en les dépouillant de leurs droits à la gestion ; que l'on ne pouvait dénaturer l'acte social sans l'unanimité des suffrages. Sur quoi délibéré le 20 décembre 1791, il fut arrêté à la majorité de quatorze actionnaires représentant trente-deux actions, contre deux actionnaires en représentant treize, « que les » intéressés aux fonderies de Romilly ont le droit absolu de changer » en tout l'acte social, et de le modifier de telle manière qui leur » conviendra. »

L'arrêté qui fut la conséquence de cette décision, porte en substance que l'affaire sera gérée par trois administrateurs élus au scrutin et devant être renouvelés par tiers d'année en année ; et de plus, par un directeur général qui sera M. Lecamus de Limare, lequel ne pourra être destitué qu'à une majorité d'actionnaires réunissant les trois quarts du capital social. Les administrateurs peuvent être réélus. Cette administration s'assemblera trois fois par semaine, et rendra ses comptes à l'assemblée générale tous les premiers mardis de chaque mois, et entrera en fonctions le 1ᵉʳ janvier 1792.

1792. Ce fut en février de cette année, que la nouvelle administration présenta le fameux bilan de 1791 dont les résultats étaient dus entièrement aux soins de MM. Lecouteulx et compagnie.

Le bénéfice, intérêts payés, était de . . . . 487,147 fr.
qui, avec les bénéfices acquis, de 318,793
formait un total . . . . 805,940 fr.

Alors les 24,000 fr., qui, en vertu de l'art. 6 de l'acte primitif, devaient être alloués à M. de Limare, lui furent payés, et les cinq actions non faisant fonds entrèrent en jouissance à partir du 1ᵉʳ janvier 1792.

Le 21 mars, la première assemblée eut lieu rue Chantereine, n° 12. MM. Lecouteulx du Moley, de Kersaint et Césarge furent les premiers administrateurs élus.

Les émoluments furent fixés ainsi :
Pour les administrateurs 25 fr. par séance.
M. Lecamus de Limare 20,000 fr. par an, et 25 fr. par nuit passée pour le service.

M. Lecomte, chef des bureaux. . . . . 4,800 fr. par an.
Un teneur de livres. 2,400
Un commis. 1,200

De plus, prélèvement d'un dixième sur les bénéfices nets, ce dixième se partageant ainsi :

2/10 pour les trois administrateurs;
3/10 pour M. de Limare,
2/10 pour M. Lecomte,
3/10 à partager entre les employés des bureaux de Paris et de Romilly, par les soins de l'administration.

Les droits de présence des assemblées générales furent également fixés à 25 fr. par membres présents.

M. de Limare fut autorisé à acheter les trois moulins à foulon qui étaient situés au-dessus de l'établissement des ponts, savoir : le moulin Bétille, le moulin de Hollande, et le moulin de Répainville.

A cette époque la fabrication des flaons occupait presque exclusivement tous les ateliers.

Le 4 avril de cette année, la Société se distribua les 800,000 fr. de bénéfice, savoir : 16,000 fr. par action, payables en billets à neuf, dix et onze ans, auxquels étaient joints des coupons d'intérêts à 5 pour 100 payables de six en six mois. Ces échéances ayant dépassé le régime des assignats, la somme totale a été soldée en argent.

Les cinquante actions faisant fonds ont seules pris part à cette distribution.

1793. Le 6 mars de cette année, l'on passa le compte des actions non faisant fonds à celui des bâtiments et machines, qui se trouvèrent ainsi augmentés de toute la valeur de ces actions. Mais par contre, l'on arrêta qu'il serait prélevé chaque année, sur les bénéfices, 10 pour 100 pour amortissement de leur valeur.

Le 12 juin, M. de Limare demanda le titre d'administrateur perpétuel et la signature conjointement avec les administrateurs en exercice. La décision fut ajournée.

Cette année fut la plus malheureuse depuis la fondation de l'établissement. Les circonstances les plus fâcheuses de la révolution française paralysèrent toutes les opérations commerciales. La guerre avec l'Angleterre ne permit pas de continuer à tirer des charbons de ce pays. On fut obligé de les acheter à Saint-Étienne, à des prix plus élevés.

L'emprunt forcé occasionna à la Société un sacrifice de 2,000 fr. par action, soit 110,000 fr. pour les cinquante-cinq actions.

La caisse d'escompte fut supprimée. L'administration dut établir une caisse à deux clefs pour y enfermer ses fonds. Le travail devint nul; aussi la Société, n'ayant plus l'emploi de ses capitaux, arrêta une répartition de 12,000 fr. par action. Les affaires s'améliorèrent heureusement un peu plus tard, et l'on ne donna pas suite à cette détermination qui eût été ruineuse pour l'établissement. La perte que fit la Société cette année fut considérable. Le bilan la fit ressortir à 244,631 fr.

An II. 1793. Le 3 pluviôse (23 janvier), l'administration annonça le décès de M. de Limare. Les regrets exprimés sur la perte de cet homme de génie furent bien froids. Il paraîtrait qu'en raison des circonstances malheureuses, on trouvait qu'il coûtait cher à la Compagnie. Aussi l'économie fut saillante. M. Laisné, qui déjà était directeur, le remplaça avec un traitement de 6,000 fr. et 2,000 de frais de représentation.

Cette année fut féconde en évènements divers qui eurent un résultat favorable pour l'établissement. Le gouvernement, privé des secours de l'Angleterre, fit de grands efforts pour lutter contre cette puissance. Ne pouvant se procurer du cuivre, il usa de la ressource des cloches, dont une immense quantité fut convertie en cuivre. MM. Pelletier et Darcet furent nommés commissaires du gouvernement, par le comité de salut public, pour les expériences à faire à Romilly sur le départ du métal de cloches.

Ce départ se fit dans bien d'autres villes, et en effet le comité de salut public enleva à la Compagnie M. Grimpret, inspecteur de ses travaux, pour surveiller ces sortes d'opérations pour le compte du gouvernement, à Rouen, Maromme, Saint-Lô, Villedieu, Rennes et Amiens.

Les cuivres abondèrent ainsi à Romilly; mais les besoins du gouvernement pour le service de la marine devinrent tels que Romilly n'y put suffire. Aussi le comité de salut public arrêta de former à Avignon un établissement du même genre, pour subvenir aux besoins des ports du midi de la France. M. Hellot, l'un des intéressés aux fonderies de Romilly, fut chargé de fonder ce nouvel établissement, pour l'érection duquel il requit quatre à cinq des meilleurs ouvriers de Romilly, qu'on ne put lui refuser. Avant cette détermination, MM. Monge et Hachette étaient venus sur l'établissement pour apprécier ses moyens de fabrication. M. Hellot, en raison de ses nouvelles fonctions, et aux termes de l'acte social, céda son action aux deux frères Laisné, chacun par moitié.

Dans le même temps Romilly eut à lutter contre le plus grand des fléaux. Une disette épouvantable régnait par toute la France. Il fallut cependant nourrir tous les ouvriers dont on avait tant besoin, à une époque où l'exigence du gouvernement était extrême pour le service de la marine.

Toulon demandait en cuivre fabriqué. . . . . . . 250,000 kil.
Brest. 300,000
Lorient. 300,000

Les cuivres bruts ne manquaient pas ; mais les plus grandes entraves existaient pour l'arrivée des charbons.

La perturbation causée par l'apparition du papier-monnaie fut encore embarrassante. Cependant, comme l'augmentation des dépenses en tout genre n'était pas en rapport avec la dépréciation du papier, les bénéfices que fit la Société furent considérables.

1795. Cette année fut remarquable par un des évènements politiques qui faillit priver la Société de sa propriété. Le comité de salut public, par son arrêté du 29 brumaire, mit la manufacture de Romilly en réquisition, pour être dirigée par des agents de la république, sauf indemnité de loyer à payer aux intéressés. Un Mémoire très remarquable fut fait par l'administration, et signé par tous les propriétaires d'actions, pour s'opposer à cette violation du droit sacré de la propriété. Le 12 pluviôse suivant, cet arrêté fut rapporté. Il est signé Cambacérès, Guiton, Fourcroy, Merlin de Douai, Boissy, Prieur de la Meurthe, Delmas et Carnot.

La raison sociale de la Compagnie fut changée. Au lieu de : Les intéressés aux Fonderies de Romilly ; l'on adopta la dénomination actuelle : Les propriétaires des Fonderies de Romilly. On eut pour motif de ne pas confondre *la manufacture purement minérale* avec des corporations financières.

M. Guiton-Morveau fit cette année au comité de salut public un rapport satisfaisant sur les succès de Romilly pour le départ du métal de cloches. L'on fit en sa présence des feuilles à doublage avec le cuivre provenant de cette épuration, sans aucun mélange de cuivre neuf; ce à quoi l'on n'avait pu réussir jusqu'alors.

Ce fut en cette année que M. Gorlay, l'un des administrateurs qui a géré le plus longtemps, arriva à l'administration. Il y est resté jusqu'au moment de son décès.

La famine et les embarras financiers continuèrent pendant cette année. La Société fit les plus grands sacrifices pour se procurer des blés au Havre. Les traitements et droits de présence augmentaient en raison de la dépréciation du papier-monnaie. On les doublait d'un mois à l'autre. Les ouvriers étaient payés à raison de cinquante capitaux pour un, sur les prix de 1790.

Les associés firent observer avec raison que les 6 pour 100 qu'on leur payait pour l'intérêt de leurs actions n'étaient plus rien; ausssi fit-on à cette époque une répartition de 500 kil. de cuivres laminés, par action, et de la vente desquels l'administration se chargea pour le compte de chacun.

1796. En 1796, les paiements commencèrent à se faire en numéraire. La Compagnie acheta une maison rue Neuve-des-Mathurins, n°˚ 22 et 878, pour le prix de 15,000 francs.

M. Roëttiers le père fut reçu comme associé direct. La Société entreprit la fabrication du fil de laiton, dont elle plaça l'usine à l'établissement des ponts. Elle fut excitée à cette dépense par M. Saillard qui en recueillait tout le fruit, vu qu'il avait le monopole de la fourniture de cette marchandise à Laigle et à Rugles, pour la fabrication de l'épingle. La Compagnie achetait à cet effet des mitrailles de cuivre jaune, ne connaissant pas, et ne pouvant, par sa situation topographique, opérer dans ses ateliers l'alliage du cuivre et du zinc qui, dans ce temps, ne se faisait que dans la vallé de Stolberg et dans le comté de Namur, et au moyen de l'infusion du cuivre dans la calamine, qui n'est autre que le minerai de zinc. L'on verra plus tard que l'industrie du laiton ou cuivre jaune ne put s'impatroniser en France que vers 1814, époque à laquelle on parvint facilement à revivifier le zinc qui est à l'état d'oxyde dans la calamine, et ensuite à opérer de toute pièce le mélange de ce métal avec le cuivre, pour en faire du cuivre jaune.

Il s'ensuivit que cette fabrication fut promptement abandonnée.

1797. Les besoins d'argent commencèrent à se faire sentir dans l'année 1797. L'on fit un appel de fonds, de 2,000 fr. par action, qui ne se réalisa qu'en partie, malgré l'intérêt excessif de 1 1/2 pour 100 par mois, que l'on payait aux prêteurs.

Les déchets de fabrication étaient immenses à cette époque. Il est vrai que l'on fondait toute espèce de cuivre allié. MM. Roëttiers, Saillard et du Moley furent envoyés à Romilly pour apprécier les motifs d'une perte de 55,000 kil. qui passa en déchets dans cette année.

Ce fut à cette époque que M. Malus entra dans la Société. Il avait acheté son action de M. Adrien Laisné.

L'opération la plus saillante de cette année fut l'acquisition que fit la Compagnie des usines de Maromme près Rouen, manufacture qui s'était créée à l'instar de Romilly pour la fabrication des cuivres laminés. Cette acquisition fut faite de MM. Lefrançois père et fils pour le prix de 220,000 fr. payables en onze termes, de trois mois en trois mois, avec les intérêts à 6 pour 100 l'an pour les retards de paiement.

La Compagnie démolit cette usine, fit transporter toutes ses machines et ustensiles à Romilly, et la vendit dans la suite à perte, avec interdiction aux nouveaux acquéreurs d'y reprendre ce genre d'industrie.

1798. M. Isquierdo, qui était retourné à Madrid, écrivit à cette époque pour renouveler ses prétentions d'être administrateur perpétuel, avec des appointements de 8,000 fr. La Société ne fit point droit à sa réclamation.

La Société était toujours dans le plus grand embarras pour les capitaux. Les appels de fonds ne se réalisaient point.

On fut obligé d'en passer par une soumission volontaire de douze associés qui prêtèrent pour quatre mois une somme de 75,000 fr. à l'intérêt de 1 1/2 pour 100 par mois.

M. Lion, qui, en 1797, avait été choisi pour commis-voyageur, fut remercié cette année. On lui donna une indemnité de 300 fr. On supprima également la place de directeur à Paris, dans la personne de

M. Adrien Laisné. L'économie seule fut le motif de la retraite de ces deux messieurs.

1799. Dans cette année, M. Dallarde fut nommé administrateur. La Compagnie traita avec lui pour l'établissement du dépôt de ses cuivres, moyennant une somme de 4 pour 100 sur le produit des ventes, ducroire compris.

M. Roëttiers le père fut également nommé administrateur en remplacement de M. Anson.

L'administration fit le rapport des travaux de l'an VII

Le bénéfice annoncé était superbe. Il s'élevait à . . . . . . 353,216 fr.
mais on en défalqua la perte à la vente de . . . .
Maromme . . . . 135,325 f. } 170,141
Créances douteuses. 34,816

ce qui le réduisit à . . . . 183,075 fr.

Des recherches très approfondies furent faites par les commissaires chargés de la vérification des opérations de cette année. Leur travail démontra que l'évaluation des bâtiments et machines, dans les bilans de la Société, a toujours été très arbitraire; car, disent-ils, en 1791 ils figuraient à l'actif pour une somme de 810,280 fr. En 1794, on les voit portés à celle de 1,160,000 fr.; en 1796, à 1,271,000 fr.; et enfin en 1797, à 1,108,262 fr.; de sorte que, depuis 1791, on s'en servit plus d'une fois pour opérer la balance du compte des profits et pertes de la Société.

Les commissaires, dans leur rapport, reviennent sur le partage des 800,000 fr. qui fut fait en 1792. Ils prétendent que, par des pertes de change sur l'Angleterre, les bénéfices de 1791 furent diminués de plus de 100,000 fr. Leur opinion perce dans le rapport. Ils paraissent insinuer que, dans le temps, on aurait enflé les bénéfices pour arriver plus vite aux avantages que l'acte de société attribuait à MM. de Limare et Isquierdo.

1800. Dans le courant de cette année, les embarras de la Société augmentèrent considérablement. Le commerce et les ventes se trouvèrent nuls. Les besoins d'argent devenaient impérieux. Les appels de fonds ne produisaient que peu de chose, malgré les forts intérêts que l'on donnait.

1801. L'on en vint donc à un projet d'emprunt de 600,000 fr., qui fut souscrit par dix personnes sociétaires aux conditions suivantes : Ces dix prêteurs eurent la pleine et entière gestion de l'affaire. Ils choisirent entre eux une administration composée de trois membres et de M. Roëttiers le père, à qui l'on donna la qualification d'administrateur directeur. On alloua à ces dix messieurs 1 pour 100 d'intérêt par mois pour leur prêt; de plus, 4 pour 100 sur le produit de toutes les ventes, et 2 pour 100 sur le montant de toutes les fabrications. Les frais d'administration, au moyen de ces allocations, furent à la charge des dix prêteurs ; mais les frais de bureaux et de voyages restèrent pour le compte de la Société

Enfin, pour la plus grande sécurité de leurs avances, on leur délégua 200,000 fr. de cuivres fabriqués.

Pour concevoir des conditions aussi onéreuses, il faut se reporter à ce temps où la France sortait depuis peu d'années du régime de la terreur, de la banqueroute des assignats, et où l'argent était tellement rare, que l'intérêt courant était souvent de 1 1/2 pour 100 par mois.

Quelque rigoureuses que fussent ces conditions, elles sauvèrent l'affaire de la faillite inévitable dont elle était menacée. Elles furent renouvelées pour 1801.

1802. En 1802, il y eut un peu d'allégement dans l'intérêt du prêt, qui fut réduit à 10 pour 100 l'an. Enfin les dix prêteurs, en 1803, proposèrent la réduction de leur commission de vente de 4 pour 100 à 1 pour 100.

Ce fut en cette année que Napoléon, premier consul, visita la manufacture. MM. Roëttiers et de Bondy l'y reçurent. Il y passa deux heures. Il vit tous les travaux avec le plus grand intérêt, et donna un témoignage de sa munificence à tous les ouvriers, en leur accordant un mois de solde.

L'année 1801 avait présenté une perte considérable. Elle provenait de la baisse énorme qui eut lieu sur les cuivres. Dans les évaluations, cette perte occasiona une différence de 5 sols par livre, ce qui, pour ce seul chapitre, fit une somme de 150,000 fr. De plus, les intérêts et les droits des dix prêteurs absorbaient plus de 120,000 fr. Enfin, les bénéfices et les travaux de la manufacture permirent d'arrêter le remboursement des dix prêteurs pour le 1ᵉʳ vendémiaire an XII (1803).

L'intérêt de l'argent avait diminué, et pour arriver à ce remboursement, l'on arrêta un appel de fonds de l'importance de 13,000 fr. par action. Il fut souscrit, sauf une somme de 115,000 fr., pour laquelle on s'abandonna aux soins de la nouvelle administration que la Société allait nommer pour remplacer la gestion des dix prêteurs. Ce prêt de 13,000 fr. par action fut fait à raison de 8 pour 100 l'an, mais l'on alloua une prime de 4 pour 100 pour ceux des sociétaires qui fourniraient au delà de leurs 13,000 francs : on arriva ainsi à parfaire la somme nécessaire au remboursement tant désiré.

Les fonctions des dix prêteurs étant ainsi expirées, l'on procéda à la nomination de trois administrateurs pour gérer comme par le passé. MM. Gorlay et Roëttiers père furent réélus conjointement avec M. Malus qui, pour la première fois, remplissait les fonctions d'administrateur, qu'il a conservées jusqu'à son décès.

1803. Les bénéfices de 1802 furent très beaux. Ils s'élevèrent à 459,805 f. 93 c., ce qui, avec le secours de l'emprunt temporaire, aida à la libération des dix prêteurs. Ce fut alors que l'on fixa les honoraires de l'administration à 3,000 fr. pour chacun de ses membres, et l'on arrêta que tous les bénéfices futurs seraient consacrés à l'extinction de la valeur des bâtiments et machines, jusqu'à ce qu'ils fussent descendus à une valeur fixe de 600,000f. Cette décision était sage; mais elle n'était basée sur rien de fixe. On verra par la suite qu'elle était au-dessous de la vérité, même en évaluant les bâtiments et machines au prix de démolition. En effet, on fit plus tard une expertise régulière qui les portait en masse, y compris le fonds territorial, à 731,010 fr. 42 c.

Ce fut dans cette année que l'on planta le prolongement de la grande avenue d'ormes qui va de la manufacture à la côte des Deux Amants.

La Société eut à déplorer dans cette année la perte d'un de ses fondateurs, dans la personne de M. Dosne, notaire. Le 21 avril (1er floréal an XII), l'on reconnut pour associés directs ses héritiers, Mme veuve Dosne et MM. J.-Ch. et A.-A. Dosne.

Le commencement de construction du pont en pierre d'une seule arche, établi au Perpignan, date encore de cette année. Il fut fait sous la direction de M. Delaunay, architecte.

Un fait assez extraordinaire eut lieu à cette époque : le curé de Cadix (Espagne) envoya à la Société une somme de 5,240 fr., qu'il avait reçue sous le sceau de la confession, et qu'il annonçait appartenir bien légitimement à la Compagnie de Romilly. L'administration ne put découvrir de qui provenait cette somme, dont elle dut sans doute la restitution au repentir de quelque agent infidèle, à l'époque où elle fit des acquisitions de cuivre du Mexique dans ce pays.

1804. Les bénéfices de l'année précédente ayant encore été très beaux, on arrêta pour la première fois, depuis 1795, de donner un dividende extraordinaire de 2 pour 100, vu que l'évaluation du fonds territorial et des bâtiments et machines approchait du prix de 600,000 fr., auquel on les avait fixés précédemment.

Cette année, le 27 mars, la Société acquit de M. Isquierdo les six actions qu'il possédait, pour le prix de 28,000 fr. chaque.

A cette époque le gouvernement, qui devait beaucoup à la Compagnie pour fournitures de cuivres laminés, lui donna en paiement un bien dans le comté de Nassau, connu sous le nom de *ferme de Birkenfeld*, pour la somme de 163,805 fr. La Société le revendit en 1807, au prix de 141,000 fr.; de sorte qu'il y eut perte de 22,805 fr.

1805. Le 4 décembre 1805, MM. Gorlay, Roëttiers père et Malus, firent à la Société un rapport très remarquable dans lequel ils donnèrent l'état de toutes les expéditions, bénéfices et répartitions qui avaient eu lieu depuis l'origine de l'établissement (cet état a servi en partie à la confection du tableau qui est à la fin de cette notice). Ces administrateurs firent apprécier que le capital de la Société n'était pas assez considérable; qu'il était en grande partie absorbé par les valeurs mortes; que, pour suppléer à cet inconvénient, l'on était obligé de recourir aux emprunts qui, cette année, montaient à la somme énorme de 1,985,830 fr. 35 c.; que, quoique l'intérêt fût descendu à un taux plus raisonnable, il n'en était pas moins vrai que les prêteurs faisaient la loi à la Société, et qu'en conséquence il fallait porter le fonds social à 2,400,000 fr., et vendre d'abord les actions que possédait la Société.

1806. Sur le rapport de M. Lecouteulx de Canteleu, l'on arrêta de créer trois cents actions de 8,000 fr. chaque, qui, pour être placées plus facilement, seraient cédées au prix de 6,500 fr. Cet arrêté ne fut exécuté qu'en partie, comme on le verra, dans les deux années suivantes. L'on sentait à cette époque la nécessité de former un nouvel acte de société. M. Berryer père, célèbre jurisconsulte, fut chargé de le rédiger. Mille difficultés d'exécution surgirent pour l'accomplissement du projet. D'un autre côté, l'affaire continua de prospérer en 1807 et 1808, de sorte que ce ne fut que dans cette dernière année que la Société anonyme fut créée.

Dans le mois de mai 1806, l'administration, lors d'un voyage qu'elle fit à Romilly, eut de graves reproches à adresser à M. Laisné, directeur. Elle prit le parti de supprimer la place et par conséquent le titulaire. Elle créa deux préposés principaux. M. Grimpret fut nommé premier préposé principal, aux appointements de 4,200 fr., avec 1,200 fr. de frais de représentation. M. Maquaire, second préposé, avec 2,000 fr. d'appointements.

Le 27 décembre de cette année, M. Roëttiers le père présenta un nouveau projet d'association qui fut adopté. L'on rapporta tous les arrêtés antérieurs. Par ce projet les actions de 32,000 fr. furent définitivement divisées en quatre coupons de 8,000 fr. chaque. Les treize actions et demie que la Société possédait furent vendues aux sociétaires au prix de 6,000 fr. chaque. Les nouveaux acquéreurs furent astreints à posséder cinq coupons d'action pour entrer aux assemblées générales et y avoir voix délibérative.

1807. Sur le rapport des commissaires nommés pour examiner le bilan de 1806, on fixa pour tout délai l'époque du 31 décembre 1807, pour l'échange des actions anciennes contre les nouvelles.

La délibération susdite fixait le terme de la Société au 31 décembre 1818.

On marcha ainsi toute l'année, mais on sentit bientôt que l'on n'avait qu'un acte imparfait, altéré et mutilé par nombre de délibérations successives. Le nouveau Code de commerce venait de paraître, et l'on s'effrayait à juste titre de la solidarité illimitée qui existait pour tous les actionnaires dans la gestion des affaires de la Société. L'on arrêta donc de se constituer en société anonyme.

1808. Sur ces entrefaites, la mort vint saisir le principal auteur du projet. Le 11 février 1808, l'administration annonça la perte qu'elle venait de faire dans la personne de M. Roëttiers. Les plus grands regrets furent exprimés par l'assemblée générale. M. Anson fut nommé administrateur pour le remplacer, et le même jour M. Roëttiers fils fut élu administrateur suppléant.

La nouvelle administration s'occupa sans relâche du projet d'acte de société qui était alors en discussion. Il ne s'agissait, dans ce temps, que de présenter au préfet de police une pétition signée de la très grande majorité des sociétaires, à l'appui de laquelle on joignit l'acte primitif de 1785, et les principales délibérations qui l'avaient amendé.

On conservait le même mode de gestion, savoir : trois administrateurs gérant, rééligibles chaque année par tiers. Le droit de préemption était conservé sur les actions vendues. On continuait la durée de la Société jusqu'au 31 décembre 1835. Enfin l'on introduisit une clause finale pour le renouvellement de la Société à son expiration, laquelle clause portait *qu'elle se liquiderait ou se recréerait suivant l'intention formellement émise par la majorité des sociétaires.*

Le 19 octobre, l'administration annonça l'obtention du décret impérial du 3 août 1808, qui autorisait la Société à exister comme société anonyme.

Ce fut à partir de cette époque que l'on arrêta que les procès-verbaux des séances de l'assemblée générale seraient signés séance tenante, et que les rapports qui les auraient motivés seraient transcrits à la suite. Ce mode était préférable à celui précédemment adopté, qui consistait à signer les arrêtés souvent plusieurs mois après qu'ils avaient été pris. Il évitait toute espèce de contestation de la part des associés, qui souvent étaient mal servis par leur mémoire.

1809. L'année 1809 fut à déplorer par la conduite de deux principaux employés. Le 19 avril, l'administration fit part à la Société du déficit qu'elle avait trouvé dans la caisse du bureau de Paris. Il était de l'importance de 21,114 fr. 50 c. Le caissier prétexta plusieurs erreurs dans ses paiements, entre autres d'avoir donné des billets de banque de 1,000 fr. pour des billets de 500 fr.

L'administration, suffisamment éclairée sur l'infidélité qu'elle reprochait à cet agent, le congédia après lui avoir fait souscrire un engagement du montant de son débet. Malgré tous ses efforts, elle ne put dans la suite recouvrer que quelques fragments de cette perte, par une retenue qu'elle fit opérer sur des appointements qu'il gagnait dans une nouvelle administration où il s'était procuré un emploi.

M. Roëttiers fils, administrateur suppléant, se chargea provisoirement de la caisse et des recettes de la Société, jusqu'au moment où M. Lion, qui était rentré depuis peu de temps au service de la Compagnie, et qui était en voyage, put prendre les fonctions de caissier et chef de correspondance.

Le second méfait fut celui du sieur Maquaire, deuxième préposé principal à Romilly. Cet employé fut convaincu d'avoir détourné à son profit la source de son voisin, ouvrier dans l'établissement, au moyen d'un souterrain qu'il fit de sa propriété jusque sous cette source. Pris nuitamment en flagrant délit, il fut condamné à rétablir les lieux en leur état primitif, et à payer des dommages considérables.

D'après une telle conduite, quoique cet employé eût rendu des services à l'établissement, l'administration le congédia et donna sa place à M. Richard, qui était déjà employé aux usines en qualité de commis.

1810. La Société prospérait depuis 1808. L'administration fit son rapport sur l'exercice 1809. Les bénéfices, intérêts payés, furent de 113,700 fr. 9 c. L'assemblée générale les appliqua totalement à l'extinction du prix des bâtiments, fonds territorial et mobilier, qui se trouva ainsi réduit au-dessous de celui fixé par l'arrêté de floréal, an XIII, c'est à dire à 569,565 fr. 9 c. A cette époque, la Compagnie acheta le deuxième moulin à foulon, dit moulin Bétille. Elle possédait déjà celui du même nom qui lui était accolé. Cette acquisition revint à la somme de 54,000 fr. C'est sur l'emplacement de ces deux moulins que fut construit dans la suite l'établissement des Deux Amants.

A cette époque, tous les anciens titres des actionnaires étaient échangés contre les quatre nouveaux coupons d'action de 8,000 fr. chaque. M. Birouste seul s'était refusé à coopérer à la formation de la nouvelle société anonyme. Il voulait se retirer, et demandait 40,000 fr. de son action, ce qui ne fut point accepté. Il menaça de poursuivre en liquidation : on n'en tint compte, et après deux années d'absence, pendant lesquelles on suspendit le paiement de ses intérêts, il revint au milieu de ses coassociés jouir avec eux des succès d'une entreprise qui prospérait.

Vers la fin de cette année, l'administration eut le chagrin d'annoncer le décès de M. Anson. M. Roëttiers fils, qui était suppléant depuis trois ans, fut nommé administrateur à sa place.

1811. Le compte rendu des opérations de 1810 ne présenta qu'un bénéfice très médiocre, savoir : 7,137 fr. 96 c., intérêts à 6 pour 100 payés.

Les motifs de ce mécompte furent la perte éprouvée à la caisse, la sous-évaluation du nouveau moulin à foulon que l'on venait d'acheter, et la perte à l'estimation des cuivres qui, cette année, furent estimés 4 sols par livre au-dessous de l'évaluation de l'année précédente.

1812. L'année 1812 fut remarquable sous plusieurs rapports. Ce fut à cette époque qu'eut lieu le commencement d'exécution de la route de Fleury à la manufacture. La Société eut la fourniture de la couverture de la Halle aux grains, premier édifice de la capitale qui fut couvert en cuivre. Enfin l'on plaça l'entablement du laminoir de grande dimension qui, dans l'année suivante, devait confectionner de ces belles planches de 14 à 15 pieds de long sur 6 pieds de large, que l'on a vues dans la suite à l'exposition des produits de l'industrie nationale, et pour la confection desquelles Romilly a eu la priorité.

1813. En 1813, l'administration, de plus en plus satisfaite des services que rendait M. Grimpret sur la manufacture, porta ses appointements à 4,800 francs par an, et avec l'agrément de la Compagnie, lui fit un cadeau de 6,000 fr. pour l'aider à établir sa nombreuse famille.

1814. Lors du rapport sur l'exercice de 1813, l'administration annonça le décès de M. Mainnemare, ancien notaire, qui remplissait depuis deux ans les fonctions d'administrateur suppléant. Il fut remplacé par M. Dosne aîné. Les bénéfices, intérêts payés, étaient assez beaux. Ils montaient à la somme de 62,281 fr. 96 c. On ne voulut pas distribuer de dividende extraordinaire, vu la perspective des sinistres dont on était alors menacé. En effet, l'administration fit un rapport bien triste sur les opérations du 1er semestre de 1814. L'invasion des armées étrangères avait paralysé toute les opérations commerciales. La fabrication, dans les six premiers mois, ne montait qu'à 30,000 kilog ; elle avait été tout-à-fait nulle en mars. L'administration prévoyait déjà une perte de 130,000 f. sur les cuivres, qui de 4 fr. le kil. tombèrent de suite à 3 fr.

On arrêta de ne point payer d'intérêt cette année, et l'on se félicita encore de ce que l'invasion n'eût point pénétré jusque sur la manufacture.

Les succès que l'on obtint plus tard permirent de ne pas donner suite à cet arrêté.

M. Roëttiers fit à cette époque son rapport sur un voyage qu'il venait de faire avec M. Grimpret, directeur. Ces deux messieurs avaient parcouru la Belgique et visité toutes les usines de cuivre jaune qui existent aux environs de Namur et dans la vallée de Stolberg. Il s'agissait d'introduire à Romilly cette nouvelle branche d'industrie qui, peu d'années après, procura de très grands bénéfices à la Compagnie.

Sur le rapport de M. Roëttiers, il fut décidé qu'avant d'établir une tréfilerie pour la fabrication du fil de laiton, l'on procèderait à la confection de la planche jaune. Pour cela il fallait arriver à former l'alliage du cuivre rouge avec le zinc, sans le secours de la calamine. Il fallait opérer directement le mélange, ce qui, jusqu'à cette époque, avait été jugé impraticable pour la bonne qualité du cuivre jaune.

Il n'y avait pourtant pas moyen de faire autrement à Romilly, à cause des masses immenses de calamine qu'il eût fallu se procurer, et des combustibles que cet ancien procédé dépensait. Ces messieurs s'étaient procuré deux ouvriers du pays, les sieurs Maus et Storm, qui, tous les deux, affirmaient que jamais on ne réussirait à faire du laiton sans calamine.

Il fallut combattre ces préjugés. Beaucoup d'essais furent faits. Les premières planches que l'on fabriqua étaient très pailleuses; mais enfin Romilly eut bientôt la satisfaction d'avoir pu le premier réussir complètement à confectionner des planches de laiton qui luttaient pour la qualité avec celles que l'on fabriquait exclusivement en Belgique avant la séparation de ce pays d'avec la France.

1815. Le 20 février 1815, l'administration fit son rapport sur les travaux de la malheureuse année 1814. Elle annonça une perte de 88,481 fr. 30 c., dans laquelle la baisse du prix du cuivre entrait pour une somme considérable.

On avait profité de la stagnation des affaires pendant cette année pour faire dresser par M. Grimpret le plan terrier et l'estimation rigoureuse de la propriété territoriale de la Compagnie. Il fit également celle des bâtiments et machines comptés pour leur prix de démolition seulement. Les habitations furent appréciées eu égard à un prix de location modéré.

L'évaluation totale se trouva arrêtée ainsi :

Fonds territorial	197,332 fr. 90 c.	
Dix cours d'eau à 30,000 fr.	300,000	
Nue propriété d'un moulin à blé emphytéotique.	17,024	
Plantations.	24,253	35
Bâtiments et machines.	173,238	7
Ameublements	19,162	10
Ensemble.	731,010 fr. 42 c.	

Cette estimation était supérieure de 134,010 fr. 42 c. à celle qui, précédemment, avait été faite d'une manière arbitraire pour 600,000 fr.; en sorte que la perte de l'année fut couverte par cette évaluation et par un prélèvement sur le fonds de réserve qui était de 88,481 fr. 30 c. et qui se trouva réduit, toute perte balancée, à 56,927 fr. 95 c.

M. Grimpret reçu, pour le travail extraordinaire qu'il avait fait, une indemnité de 1,000 fr.

On ne voulut pas, par prudence, fixer les intérêts pour l'année 1815, qui cependant se présentait mieux que la précédente. Ils furent payés en une seule fois à la fin de l'année, sur le taux de 6 p. 100.

La seconde invasion ne fut pas aussi funeste au commerce que la première. L'établissement put gagner assez pour payer les intérêts, et augmenter d'une faible somme la réserve de la Société. Le tort le plus notable fut l'ajournement de l'érection de la tréfilerie.

1816. En 1816 on reprit courage, et la Société se décida à créer un établissement spécial à la fabrication du laiton. La tréfilerie fut commencée le 15 avril sur l'emplacement d'un moulin à foulon appelé le Besle.

A partir de 1817, Romilly avait devant lui une très longue série d'années prospères, ainsi qu'on peut en juger par le tableau de toutes les opérations, annexé à la fin de cette notice. Indépendamment des intérêts payés à 6 p. 100, de beaux dividendes extraordinaires furent répartis aux actionnaires pendant huit années consécutives. Cependant l'établissement d'Imphy, le plus redoutable rival de Romilly, venait d'être créé. Mais les besoins du commerce augmentèrent dans une proportion telle que Romilly n'eût pu suffire à toute la consommation.

L'administration fit le 19 février son rapport sur les opérations de l'année 1816. Le bénéfice, intérêts payés, fut de 49,287 fr. Ce résultat était d'autant plus beau qu'il avait lieu quoique cette année eût supporté la dépense de l'établissement de la tréfilerie qui coûta 60,620 fr., et que l'évaluation de cette usine fût aussitôt portée à l'actif social au prix de démolition seulement.

Ce fut au commencement de cet exercice que M. Lebrun, ancien élève de l'École polytechnique, entra au service de l'établissement, en qualité d'ingénieur, aux appointements de 1,800 fr. par an.

L'administration, satisfaite des services que rendait M. Grimpret, supprima la dénomination de préposés principaux, et rétablit en sa faveur la place de directeur de l'établissement.

Le second fut nommé caissier.

Déjà, au commencement de cette année, l'on faisait du fil de laiton.

1818. Les résultats de l'année 1817 furent beaucoup plus importants que ceux du précédent exercice. L'établissement comptait une usine de plus. Les fonctions des administrateurs étaient devenues plus laborieuses. Eu égard d'ailleurs aux bénéfices qui étaient le fruit de leur industrie, la Société arrêta qu'il serait prélevé un dixième sur les bénéfices nets de 1817 et 1818, lequel serait partagé ainsi, savoir :

5/10 par égale portion entre les trois administrateurs,

3/10 à distribuer en gratification aux employés, et les 2/10 restants, pour être répartis en gratifications extraordinaires, le tout par les soins de l'administration.

Ce prélèvement sur les bénéfices était indépendant des honoraires déjà existants. Cet ordre de choses ne dura qu'un an. La Société y renonça et préféra augmenter les honoraires des administrateurs, qui furent fixés à 6,000 fr. par an, à partir du 1er janvier 1819.

L'on fit cette année une très-grande réparation à l'établissement des ponts. L'administration annonça l'avoir refait presqu'à neuf, sauf la cage du bâtiment où se trouvent les laminoirs. Elle annonça encore que, pour activer la confection de la route de Fleury à Romilly, elle avait obtenu d'en faire adjuger l'exécution à un sieur David qui serait le prête-nom de la Compagnie, et qu'ainsi elle espérait pouvoir en faire jouir l'établissement à la fin de l'année. Mais cette route ne fut praticable qu'à la fin de 1817.

La Société eut alors à supporter un de ces mécomptes trop fréquents en France, mais qui étonnent toujours par leur injustice. Quatre communes s'étaient réunies pour faire, au moyen d'une souscription volontaire, tous les frais de cette route. Sur leur délibération, il y avait eu commencement d'exécution pour un quart des travaux, et le paiement s'en était effectué par toutes, au marc le franc de leurs contributions. L'administration de Romilly ne pouvait donc douter un seul instant qu'elle ne rentrât dans ses avances pour le restant de la route dont elle s'était chargée. Les rôles de paiements furent faits. Les communes étaient loin de penser à refuser leur quote-part. Il ne s'agissait plus que d'obtenir l'homologation des rôles par M. de Goyon, préfet de l'Eure. Mais qu'était-il arrivé ? Pendant l'exécution des travaux, une ordonnance royale intervint, qui portait que toute délibération de commune pour une dépense extraordinaire n'aurait de valeur qu'autant que les dix plus imposés auraient été adjoints au conseil municipal pour délibérer sur l'opportunité de la dépense. Le préfet refusa donc son homologation, et engagea la Société à obtenir des communes de nouvelles délibérations. L'administration de Romilly lui fit observer en vain que l'ordonnance ne pouvait avoir un effet rétroactif; que le chemin étant fait, du moment que l'on appellerait les communes avec les dix contribuables les plus imposés pour délibérer de nouveau, elles se refuseraient à tout paiement.

Il fallut cependant souscrire à la loi que le préfet imposait, et ce que l'administration de Romilly avait prévu se réalisa.

Toutes les communes sans exception, même celle de Romilly, se refusèrent au paiement de leur contingent, sous mille prétextes plus ou moins ridicules.

La Société fit un Mémoire très circonstancié au ministre de l'intérieur sur ce déni de justice. Celui-ci renvoya l'affaire au directeur des ponts et chaussées. Plusieurs années se passèrent ainsi, avec un continuel renvoi d'une autorité à une autre. Enfin la Société en fut pour un sacrifice de 20,000 fr. en sus de ses souscriptions particulières.

On eût peut-être réussi à se faire payer en poursuivant juridiquement. Mais la politique de l'établissement s'opposa à cette mesure. La Société craignit d'indisposer l'autorité, à cause de ses relations habituelles avec elle, et surtout avec le ministère de la marine.

1819. Jusqu'en 1819, la Suède avait été un des marchés de l'Europe où la France s'approvisionnait le plus particulièrement de cuivres bruts. Avant la révolution, et depuis 1814, Romilly en avait tiré les plus fortes parties de son approvisionnement.

L'administration apprit à cette époque que ses correspondants et chargés d'affaires, MM. Deron, venaient de suspendre leurs paiements. Elle ne perdit pas une minute, et de suite elle pria M. Roëttiers, l'un de ses collègues, d'aller à Stockolm.

Ce voyage eut tout le succès qu'on pouvait en attendre. La Société ne perdit rien. On fit choix d'un nouveau correspondant de tout repos, dans la personne de MM. Michaelson et Benedicks.

Ensuite M. Roëttiers profita de son séjour dans ce pays pour visiter toutes les mines de cuivre qui y existent, et il s'assura de la qualité des produits de chacune d'elles.

Il mit ainsi l'administration à même d'opérer avec plus de connaissance de cause.

Peu d'années après, la Suède ne figura plus que pour peu de chose dans les importations de ce métal en France. Ses mines étaient devenues moins abondantes, et ses besoins personnels ne lui permirent de livrer que peu de cuivres au commerce extérieur. La Russie fut alors le grand marché de l'Europe où toutes les fabriques de France s'approvisionnèrent. Peu de temps après, l'Angleterre entra en concurrence, et ce sont aujourd'hui ces deux pays, et surtout le dernier, qui sont les grands régulateurs des prix de ce métal.

En cette année eut lieu la première exposition des produits de l'industrie nationale. L'établissement de Romilly y obtint la médaille d'or, et dut cette faveur aux planches de grandes dimensions qu'il était parvenu à fabriquer, ainsi qu'à la mise en pratique avec succès de la fabrication du cuivre jaune sans le secours de la calamine.

1820. La prospérité allait toujours croissant pendant l'année 1820. La fabrication du cuivre jaune y contribuait déjà pour une partie notable. L'administration, dans son rapport sur l'exercice 1819, annonçait que ce métal figurait pour 180,886 kil. dans toutes les fabrications de l'année.

Ces résultats firent sentir la nécessité de joindre la tréfilerie avec les autres ateliers de l'établissement ; à cet effet, la Société autorisa la confection d'une route intérieure pour faciliter les rapports de toutes les usines entre elles.

Le 26 juillet de cette année, l'administration annonça à la Société la perte qu'elle venait de faire dans la personne de M. Malus, l'un de ses collègues, ancien commissaire ordonnateur de la guerre. Cet homme si estimable, si désintéressé et d'une probité rare, fut généralement regretté.

M. Dosne aîné, qui remplissait les fonctions d'administrateur suppléant depuis 1814, fut élu à sa place. M. Lecoq fut nommé suppléant.

Ce fut dans cette année que se perdit le navire *la Caroline*, sortant de Cronstadt en Russie. Il portait pour la compagnie une cargaison de cuivres d'une valeur de 192,000 fr., lesquels étaient assurés à Paris par trois compagnies. Le remboursement de cette valeur eut lieu intégralement, et la Société y gagna, attendu qu'elle avait compris dans la police d'assurance, non-seulement la valeur des cuivres, mais aussi tous les frais à faire, tel que fret, passage du Sund, droits d'entrée, etc.

1821. Deux années successives devaient être signalées par des pertes douloureuses. Le 24 octobre de l'année 1821, l'administration annonça à la Société le décès de M. Gorlay.

Cet associé précieux avait été l'une des plus fermes colonnes de l'établissement, et l'avait sauvé plus d'une fois du naufrage dans les moments de crise révolutionnaire et commerciale, en aidant la Société de ses propres capitaux, non moins que par ses talents et par ses relations sociales. Il avait exercé pendant vingt-huit années les fonctions d'administrateur suppléant et d'administrateur en titre. M. de Tourolle, l'un des plus anciens actionnaires, lui succéda.

Dans cette même année on reconstruisit à neuf les fondations et la charpente de l'usine du gros marteau.

Romilly eut encore la fourniture de la couverture du palais de la Bourse, qui lui fut adjugée le 20 du mois d'octobre.

Les bénéfices de l'année précédente avaient été considérable. Aussi, sur la proposition de l'administration dont M. Gorlay faisait encore partie, la Société arrêta la distribution d'un dividende extraordinaire de 25 pour 100, soit 2,000 fr. par coupon d'action, payables le 31 décembre 1830. L'on fit à chaque actionnaire autant de billets de cette somme qu'il possédait de coupons d'actions, et l'on y joignit dix billets d'intérêts à raison de 6 pour 100 l'an, et payables d'année en année.

1822. Le rapport sur les résultats de l'exercice 1821 ne fut pas moins favorable que le précédent. L'administration profita de ses succès pour annuler la créance des communes, relative à la confection du chemin de Fleury à Romilly, et proposa à la Société de la passer au compte de profits et pertes.

Elle fit cette année un traité avec deux de ses concurrents, MM. Boucher et Saillard, pour la vente en commun du fil de laiton. Romilly conservait les 13/30 de la vente ; 17/30 étaient partagés entre ces deux messieurs.

Sur le rapport des commissaires nommés pour la vérification des comptes de l'année 1821, la Société arrêta encore une grande distribution extraordinaire. Elle fut de moitié de la dernière, c'est-à-dire de 12 1/2 pour 100. On se distribua 1,000 fr. par coupon d'action, payables le 31 décembre 1826. On fit des billets pour cette époque, auxquels on joignit cinq billets d'intérêts, à raison de 6 pour 100 l'an, et payables d'année en année, jusqu'au jour du remboursement des billets de capital. L'on arrêta en même temps de créer un fonds d'amortissement pour le paiement de ces billets, et de ceux du dividende précédent, lequel fonds devait être formé par un prélévement de 50,000 fr. sur les bénéfices des années à venir, en commençant cette retenue sur l'année 1821.

L'administration fit à cette époque l'acquisition d'une très grande quantité de pavés de rebut que l'on tira de Paris. On s'en servit pour paver le magasin à charbon, nombre de passages fréquentés, et plusieurs ponts de l'établissement.

M. Laisné, ancien directeur à Romilly, mourut dans cette année. Son frère, M. Adrien Laisné, ancien caissier de la Compagnie, hérita de ses deux coupons d'action.

1823. Le 12 février 1823, l'administration fit son rapport sur l'exercice 1821. Il fut le plus brillant de tous ceux qui avaient été présentés jusqu'alors; et même depuis ce temps Romilly n'obtint jamais d'aussi beaux résultats. Le bénéfice fut de 461,979 fr., indépendamment des intérêts des actions payés à raison de 6 pour 100, ce qui portait le bénéfice total à 567,579 fr.

L'administration prévoyait dès ce moment que la présente année serait encore très favorable et pourrait rivaliser avec la précédente. Elle s'effrayait à juste titre, malgré ces grands bénéfices, du vide qu'éprouverait la caisse de la Société, à l'époque où il faudrait rembourser le montant des effets que l'on avait créés, et à plus forte raison, si l'on en créait de nouveaux. La manufacture prenait un tel essor que le fonds social n'était plus en rapport avec la masse d'affaires que l'on faisait. L'administration regretta presque d'avoir provoqué des distributions aussi larges. C'est pourquoi elle engagea la Société à ne se distribuer en 1823 qu'un dividende extraordinaire de 4 pour 100, se réservant, à la fin du présent exercice, si toutefois ses prévisions se réalisaient, de proposer à la Société un mode de placement de tous les bénéfices acquis, et non distribués. En effet, le 24 décembre elle convoqua extraordinairement la Société, et lui fit part du projet qu'elle avait conçu, au moyen de la réserve et des bénéfices de l'année qu'elle prévoyait considérables, d'augmenter la valeur des actions de 50 pour 100, c'est-à-dire de porter la valeur du coupon de 8,000 fr. à 12,000 fr. Elle dit qu'elle annonçait ce projet à l'avance, afin que chacun eût le temps de réfléchir à cette proposition, et ne fût pas pris à l'improviste à l'époque où elle rendrait le compte de l'année. Le dividende de 4 pour 100 payé, il restait alors en réserve une somme de 453,121 fr. 91 c.

Cette année il y eut un grand accaparement de tous les cuivres qui existaient en France et sur diverses places de l'Europe. Ce fut la maison César de Lapanouze et compagnie qui fit cette spéculation. Loin de lui réussir, elle lui causa une très grande perte. Le premier effet qu'elle produisit fut de faire hausser les cuivres de 230 à 260 fr. les cent kilogrammes. Mais l'administration de Romilly avait heureusement prévu cette opération, et elle s'était approvisionnée d'un million de kilogrammes avant cette hausse ; de sorte qu'elle peut augmenter son cuivre fabriqué de toute cette différence, sans pour cela être tributaire des spéculateurs. Tel fut un des éléments des beaux bénéfices de cette année.

Les besoins du commerce augmentant toujours, et Romilly craignant de ne pouvoir suffire à tous, l'administration demanda à la Société l'autorisation de construire une quatrième usine sur l'emplacement des deux moulins à foulon appelés moulins Bétillo, qu'elle possédait entre l'établissement des ponts et celui de la tréfilerie. Le devis ne faisait monter la dépense qu'à la somme de 80,000 fr.

L'on sentit d'autant plus vivement le besoin de ce nouvel atelier, que le ministre de la marine venait, en octobre, de commander d'urgence 200,000 kil. de cuivre en feuilles et barres, qu'il exigeait impérieusement pour la fin de l'année. Romilly trouva le moyen de le satisfaire, sans cependant négliger le commerce. Pour cela il fallut employer à cette commande tous les ateliers. On y affecta même le laminoir de la tréfilerie qui avait assez de fil de fabriqué à l'avance, et enfin le nouvel établissement connu aujourd'hui sous le nom des Deux-Amants, à peine terminé le 15 novembre, put encore aider assez efficacement.

Peu de temps avant cette importante commande, M. de Clermont-Tonnerre était venu sur l'établissement. Il était alors ministre de la marine.

1824. Les prévisions de l'administration de Romilly s'étaient réalisées. En effet, elle annonça, dans son rapport sur l'exercice de 1823, que les résultats rivalisaient avec ceux de l'année précédente. Le bénéfice, intérêts payés, fut de 391,036 fr. 45 c. Cette somme ressortait nette, toutes dépenses soldées, même celle de l'établissement des Deux Amants, qui, dès cette année, ne fut portée à l'actif de la Société que pour sa valeur en démolition. L'administration renouvela alors la proposition qu'elle avait faite le 24 décembre dernier, et, sur le rapport des commissaires vérificateurs des inventaires, il fut arrêté que les coupons de 8,000 fr. seraient échangés contre de nouveaux auxquels on donnerait la valeur nominale de 12,000 fr., et que les intérêts seraient dorénavant servis sur ce nouveau capital.

Pour opérer ce changement, le fonds de réserve de l'année précédente fut cumulé aux bénéfices de 1823, et le tout fut passé au compte de capital d'action. Il ne resta pour commencer un nouveau fonds de réserve que la somme de 15,083 fr. 36 c.

L'administration annonçait à la Société qu'elle avait les plus grandes espérances de succès pour l'année courante. Elle fit part de ses démarches auprès du ministre de la marine pour tâcher de le dissuader de mettre en adjudication, par soumissions cachetées, les fournitures de cuivres pour son département. Elle ne réussit point. Le ministre répondit qu'il avait la main forcée par les chambres législatives.

A cette époque l'établissement d'Imphy avait pris un grand essor. Il rivalisait fructueusement avec son aîné. Les moyens de fabrication venaient d'être créés à une époque où l'industrie avait fait de grands progrès depuis l'érection de Romilly. Heureusement que les travaux de toute nature avaient pris un tel accroissement qu'il y avait alors amplement de la besogne pour ces deux plus importantes fabriques de France. Cependant l'administration sentit que Romilly ne pouvait se laisser devancer impunément, et pensa devoir prendre par elle-même tous les documents propres à introduire sur l'établissement tous les procédés économiques que notre contact avec l'Angleterre avait fait connaître. L'administration se scinda en deux parties. MM. Roëttiers et Dosne, accompagnés de M. Grimpret, directeur, partirent au mois de mai pour l'Angleterre. MM. de Tourolle et Lecoq se chargèrent, à Paris, de l'expédition des affaires courantes.

L'administration, à son retour, fit à la Société, le 4 août, un rapport très circonstancié sur le voyage qu'elle venait de faire. Elle avait réussi au delà de ses espérances, et avait pu voir la majeure partie des usines du genre des nôtres.

Elle était munie de tous les documents propres à perfectionner beaucoup de nos machines. Elle annonça que son intention n'était point de culbuter tous nos ateliers, mais qu'elle procèderait avec prudence et réserve, successivement d'année en année.

Les premières améliorations furent pour la fonte. De nouveaux fourneaux plus grands, qui ne consommaient pas plus de combustible, furent construits. L'administration fit, sous ce rapport, même plus que les Anglais. Elle parvint à supprimer les plaques de fond à la coulée, ce qui économisa un huitième de retour du métal à la fonte.

De nouvelles cisailles furent introduites à Romilly pour ébarber les planches d'un seul coup, au point qu'un ouvrier faisait en une heure la besogne de plusieurs en un jour. Le décapage du cuivre, la manière de le marteler, subirent des modifications utiles. La manière d'étirer le fil de laiton fut aussi changée. On substitua à l'étirage par les tenailles le service des tambours, ce qui est beaucoup plus simple et donne un produit double. L'emploi des ouvriers fut modifié. L'on avisa petit à petit à en diminuer le nombre pour chaque pièce de fabrication. Plus d'ordre et plus de propreté furent exigés. Quant aux changements à opérer aux machines, on fut un peu effrayé de la dépense qu'ils occasionneraient. L'on redoutait d'ailleurs d'interrompre les travaux dans un temps où les besoins étaient si pressants. On ajourna à un temps plus opportun l'amélioration saillante qui fut faite en 1835 au principal établissement, et dont il sera parlé plus tard.

La construction du nouvel atelier pour le décapage et les cisailles date de cette année, ainsi que la reconstruction du grand relai du Perpignan. Ce fut encore à cette époque que l'administration annonça à la Société les malheurs qu'avait éprouvés son correspondant, Mme veuve Lecouteulx de Rouen. La Compagnie de Romilly ne perdit rien ; mais se rappelant les obligations qu'elle avait à cette honorable famille des Lecouteulx, qui tous furent les principaux fondateurs de l'établissement, elle conserva le dépôt de ses cuivres à ses deux fils, sous la caution de M. Barthélemy Lecouteulx, leur parent.

1825. Le 10 février 1825, l'administration fit son rapport sur l'exercice 1824. Les bénéfices furent encore très beaux.

On en profita pour changer la marche suivie jusqu'à ce jour pour le paiement des intérêts. Jusqu'ici ils avaient été payés sur les bénéfices présumés de l'année courante ; de sorte qu'il arriva plus d'une fois que l'on s'était distribué 6 pour 100, lorsque, compte fait, on trouvait qu'on ne les avait pas gagnés.

Il fut donc arrêté que désormais on prélèverait sur les bénéfices de l'année la somme nécessaire pour le service des intérêts de l'année suivante, et les gratifications à distribuer aux employés. Ainsi le bénéfice de l'année 1824 fut de la somme de. . . . . . 309,163 fr. 01 c.

On en déduisit pour les intérêts de l'année
1825 . . . . 158,400 fr. } 165,400
Gratifications 7,000

Il resta à porter au fonds de réserve. . . . . . . 143,763 fr. 01 c.

A cette époque, M. Maine Clatigny fut nommé administrateur, en remplacement de M. de Tourolle.

L'on chercha cette année à donner une plus grande extension à l'écoulement du cuivre jaune, en joignant aux fabrications diverses de Romilly celle de la fourrure ou chaudrons de cuivre jaune. On établit à cet effet une batterie de cinq martinets dans l'usine des Deux-Amants. L'on parvint assez promptement à faire aussi bien que toutes les usines qui s'occupent exclusivement de ce travail. Mais les assortiments de tous ces chaudrons, variés à l'infini, tant pour les dimensions que pour les poids, absorbaient une masse considérable de produits fabriqués, hors de proportion avec leur écoulement dans le commerce. Cette fabrication, d'ailleurs très vétilleuse et toute de main-d'œuvre, ne produisait par an qu'une vingtaine de mille kilogrammes, sur lesquels le bénéfice ne couvrait pas les intérêts du capital sorti pour les quantités de cuivres fabriqués à l'avance. L'administration reconnut, au bout de quelques années, que les résultats de cette fabrication étaient nuls, et elle se décida à abandonner cette branche d'industrie.

1826. Elle préféra consacrer à la fabrication du zinc laminé le cours d'eau employé à celle de la fourrure jaune, qui était si peu fructueuse. Elle fit les premiers essais de ce nouveau genre de travail dans l'année 1826.

Déjà l'emploi de ce métal ne servait plus exclusivement à l'alliage avec le cuivre pour la fabrication du laiton. M. Mosselman, l'un des premiers, était parvenu à l'épurer et à le rendre assez ductile pour le soumettre à la pression des laminoirs et en faire des feuilles propres à la couverture des bâtiments, aux gouttières, ustensiles de ménage, etc. Romilly saisit aussitôt cette branche d'industrie, et, dès cette première année, confectionna plus de 50,000 kil. de zinc en feuilles.

Le prix excessivement modéré de ce métal en a fait faire dans la suite une consommation considérable. Beaucoup d'armateurs l'ont substitué au cuivre pour le doublage de leurs vaisseaux. Mais ils y ont promptement renoncé, vu son peu de durée à la mer, et l'immensité de coquillages qui s'y attachaient. Indépendamment de cet inconvénient grave, on reconnut qu'il n'y avait pas d'économie pour le doublage des navires, 1° parce que les frais d'application étaient les mêmes que pour le cuivre; 2° parce qu'après un voyage de long cours le renouvellement était indispensable; 3° enfin parce que les débris d'un vieux doublage sont tout-à-fait de nulle valeur. En effet, ce métal est à si bas prix, que du moment qu'il est oxydé par le temps, et à plus forte raison par l'eau de la mer, les frais de revivification sont plus forts que le prix du métal neuf. Mais les producteurs n'avaient pas besoin de ce débouché pour se livrer à une exploitation considérable. Les ustensiles de ménage, les baignoires, les gouttières, et principalement les couvertures de maisons, en absorbent aujourd'hui des quantités immenses.

Ce fut encore dans l'année 1826 que Romilly entreprit la fabrication du sulfate de cuivre. L'acide sulfurique étant tombé à un prix très bas, on trouva moyen, avec cet agent, d'utiliser les oxydes de cuivre qui provenaient du décapage des feuilles.

Ce produit se vendit pendant quelques années à un prix qui laissait de la marge pour le bénéfice à faire. Mais bientôt l'épurement des anciennes monnaies d'or et d'argent laissa des résidus que l'on employa fructueusement pour la confection des sulfates, et le prix en diminua tellement, que Romilly trouva plus d'avantage à revivifier ses oxydes, et abandonna cette fabrication.

La première adjudication de la fourniture pour la marine royale eut lieu cette année. Romilly fit un rabais de 14 pour 100 sur ses anciens prix. La manufacture d'Imphy porta le sien à 32 pour 100. Elle eut la fourniture de tous les ports de France pour quatre années. La consommation du commerce était devenue tellement considérable que Romilly éprouva peu de regrets. La suite a en effet prouvé, par les grandes fabrications qui ont eu lieu, que l'établissement pouvait se passer du secours de la marine.

La Société fut indemnisée de ce mécompte, dans cette année, par une commande des plus importantes que son administration obtint de la Hollande. On fabriqua pour elle 170,000 kil. de feuilles à doublage; aussi cette année fut-elle encore une des plus brillantes.

M. Dosne, l'un des administrateurs, fit alors un voyage dans le midi de la France. Il en profita pour visiter nos divers correspondants de Marseille, Bordeaux, Rochefort et Nantes.

Enfin, au mois d'octobre, l'administration annonça que le procès qui existait depuis cinq ans entre les héritiers et légataires de feu M. Gorlay venait de se terminer par une transaction amiable. Dix-sept personnes furent ainsi appelées au partage des huit actions entières qu'il possédait dans l'établissement. M. Froidefond de Florian fut reconnu le premier comme associé direct aux droits de sa femme.

1827. Le 7 mars 1827, l'administration fit son rapport sur toutes les opérations de 1826. Les résultats, ainsi qu'on peut le voir au tableau annexé à la fin de cette Notice, furent conformes aux prévisions de l'administration. On eut la sagesse de ne se rien répartir en sus des intérêts à 6 pour 100, qui furent prélevés sur les bénéfices. Le reste fut porté au compte de réserve, qui se trouva ainsi fixé à la somme de 440,245 fr. 57 c.

1828. La détermination la plus importante de la Société en 1828 fut de diminuer de son actif un tiers de la valeur des cours d'eau. Ils y figuraient pour la somme de 300,000 fr. On les réduisit à celle de 200,000 fr. Cette sous-évaluation s'opéra en y affectant une partie du fonds de réserve qui était de 440,245 fr. 57 c., et qui fut réduit de 100,000 fr., soit à 347,245 fr. 57 c.

D'après le rapport de l'administration, les bénéfices de 1827 étaient juste suffisants pour le service des intérêts de 1828. Le reste fut donné en gratifications aux divers employés de l'établissement.

A cette époque on prévoyait déjà une crise générale dans le gouvernement. Le commerce s'en ressentit vivement. Des faillites assez nombreuses eurent lieu cette année, entre autres celle de Paravey, du Havre, et celle de Maury frères, de Paris. Romilly perdit environ 30,000 fr.

1829. Le 25 février 1829, l'administration annonça à la Société la perte qu'elle venait de faire dans la personne de M. Grimpret, directeur de toutes ses usines. Il était décédé le 21 décembre précédent. Les services de cet homme estimable dataient de l'origine de l'établissement. M. Lecamus de Limare ayant reconnu ses capacités, se l'était attaché lorsqu'il n'avait encore que vingt ans. Il se perfectionna sous cet homme de génie, et pendant quarante-sept années consécutives, tant en qualité d'inspecteur que de directeur, il rendit d'éminents services à la Société. Une rente viagère de 1,500 fr. fut accordée à sa veuve, en reconnaissance des longs services de son mari.

M. Lebrun, inspecteur de l'établissement, le remplaça. Celui-ci eut pour successeur M. Caillat, ancien élève de l'École des mines; et sur la démission de ce dernier, M. Lemonnier fut nommé à sa place au commencement de 1830.

L'administration eut encore quelques mois plus tard le chagrin d'annoncer une perte non moins fâcheuse pour Romilly. M. Lion, chef des bureaux de Paris, venait de décéder. Il fut remplacé dans ses fonctions par M. Vallet.

Ce fut au mois de juillet de cette année que l'établissement reçut la visite de Madame la duchesse d'Angoulême. Elle était accompagnée des autorités du département.

L'administration se transporta sur les usines pour la recevoir, et fit dans cette circonstance tout ce qui dépendait d'elle pour lui faire apprécier les importants services que Romilly avait rendus à la France, en y important le premier le genre d'industrie pour lequel elle était précédemment tributaire de l'Angleterre.

Au commencement de l'année, M. de Florian avait été nommé administrateur suppléant, en remplacement de M. Lecoq.

1830.

La deuxième adjudication des fournitures de cuivres à faire à la marine royale pour six années eut lieu au mois de juillet 1820. Imphy l'obtint encore. Il fit un rabais de 30 pour 100 sur le dernier marché. Romilly avait porté le sien à 29 1/2.

A cette époque un M. Francfort avait imaginé de composer un alliage nouveau pour la confection des feuilles propres au doublage des vaisseaux. Cet alliage était composé de 94 parties de cuivre et 6 parties d'étain, composition connue sous la dénomination de bronze, qui est le métal avec lequel on coule les canons. La grande difficulté consistait à pouvoir le laminer pour en faire des feuilles, attendu que jusqu'ici on avait pensé que cet alliage n'était point malléable. La difficulté consistait à resserrer les molécules entre elles par un laminage très ménagé. Le métal devenait alors plus ductile.

Ce monsieur obtint un brevet d'invention. Il promit de le céder à Romilly à des conditions raisonnables, et il fut alors admis à faire ses essais sur l'établissement. Une quantité assez considérable de feuilles furent fabriquées à grands frais, ce qui était tout naturel, dans l'enfance d'un nouveau procédé.

L'administration, par l'entremise de M. Francfort, en fit une vente pour essai en Angleterre, mais celui-ci s'appropria la somme de 8,000 fr. qui en était le résultat. Cette action fut considérée comme une escroquerie; aussi la Société obtint-elle assez promptement prise de corps contre cet inventeur.

Il traita ensuite de son brevet avec l'établissement d'Imphy, qui, pour le dégager des poursuites exercées par Romilly, remboursa plus tard capital, intérêts et frais de la somme qu'il devait.

Ce fut ainsi que la fabrication des feuilles de bronze échappa à Romilly. A-t-elle rapporté des bénéfices à son rival? C'est ce qui n'est pas prouvé, 1° à cause de la prime énorme exigée par l'inventeur; 2° parce que cette fabrication est beaucoup plus coûteuse que celle du cuivre pur; 3° et enfin parce qu'il n'est pas encore prouvé que ce doublage plus cher soit préférable par sa durée. L'application sur la coque du navire en est d'ailleurs plus dispendieuse, et beaucoup d'armateurs y ont renoncé à cause des coquillages plus nombreux qui s'y attachent.

A la suite de la révolution de 1830, la crise commerciale, qui datait déjà de l'année précédente, se fit sentir encore plus vivement. Romilly éprouva de nouveau plusieurs faillites importantes, entre autres celles de V° Fleury et fils, de Paris, Otard, de Bordeaux, Maillet-Cage, du Havre, Manès frères, de Bourbon, etc., etc. Au mois d'octobre, l'administration les signalait à la Société pour une somme de 45,685 fr. 39 c.

1831. Le 5 janvier 1831, il y eut une réunion extraordinaire de la Société pour procéder à l'élection de nouveaux administrateurs. M. Maine-Glatigny venait de donner sa démission; M. de Florian donnait également la sienne. L'administration se trouva alors composée de MM. Roëttiers, Dosne et Drouin, et de M. Jouct pour suppléant.

Le rapport sur l'exercice de 1830 fut peu favorable; il ne pouvait en être autrement, d'après les événements qui avaient paralysé presque tous les travaux. Heureusement encore pour la fabrique, que les fournimentents de la garde nationale occupèrent une grande partie des six derniers mois de l'année. Sans cela, il y aurait eu infailliblement de la perte. Au lieu de cela, le bénéfice fut encore de l'importance de 85,262 fr. 50 c.

Sur le rapport des commissaires, on ne se distribua en 1831 que 4 pour 100 d'intérêts, ce qui absorba la somme de 105,600 fr.

La réserve se trouva ainsi réduite de 20,337 fr. 50 c. et resta fixée à 339,662 fr. 50 c.

La crise commerciale se fit sentir pendant toute l'année 1831. Antérieurement à cette époque, plusieurs fabriques nouvelles s'étaient créées. Toutes avaient besoin d'écouler leurs produits, et cependant il n'y avait plus de débouchés. Chacun, pour forcer la vente, baissa ses prix, de sorte que dans le cours de cette année l'on vit la marche bénéficiale de la fabrication du cuivre se réduire à près de moitié de ce qu'elle était.

Romilly ayant voulu lutter contre cette baisse et soutenir ses prix, en fut la dupe. Il se trouva dans l'obligation de fermer presque tous ses ateliers. Une seule usine, celle du Perpignan, travaillait de jour seulement; aussi la fabrication fut-elle presque nulle. Les provisions de l'année précédente suffirent et au delà. On n'acheta ni cuivre ni charbon pendant le cours de cet exercice.

Le 3 août, en rendant le compte du semestre, l'administration déclara à la Société que l'on ne pouvait plus marcher avec les errements actuels; que les frais généraux étaient trop forts, eu égard à la marge bénéficiale qui existait alors, et qui tendait encore à diminuer, à cause de la concurrence de toutes les nouvelles fabriques. Elle annonça qu'elle s'occupait d'un nouveau plan d'organisation qui procurerait de grandes économies, et dont elle ferait part à l'assemblée générale dans sa première réunion. Elle annonça en même temps qu'elle présenterait l'inventaire des opérations des neuf premiers mois de 1831 dans le courant du mois d'octobre, et que dorénavant les exercices se compteraient du 1er octobre au 30 septembre suivant, ce qui serait plus favorable pour la confection de tous les travaux que nécessitent les comptes de fin d'année.

En effet, le 16 novembre l'administration présenta à la Société le résultat de toutes les opérations qui avaient eu lieu du 1er janvier au 30 septembre. La fabrication, par les raisons déduites ci-dessus, ne montait qu'à la faible quantité de 273,177 kil.; aussi la perte pendant ces neuf mois fut de 207,430 fr. 81 c.; sur cette perte, 116,108 fr. 10 c. appartiennent aux années antérieures, à cause des sous-évaluations nouvelles qui furent nécessitées par la baisse des fers et des fontes qui composent en grande partie le matériel de l'établissement, et aussi d'une nouvelle réduction de 50,000 fr. que l'on fit sur la valeur des cours d'eau. La perte de l'année fut donc réellement de 91,322 fr. 71 c.

L'administration, dans un rapport très étendu, développa le nouveau plan de gestion qu'elle avait annoncé dans son dernier rapport. Il fut renvoyé à l'examen d'une commission composée de MM. de Saint-Projet, de Tourolle, Leroux, Fournier, Lecouteulx de Canteleu, de Florian et Lambert. Cinq de ces messieurs seulement participèrent au travail que leur confiait la Société. Ils furent unanimes dans leurs conclusions. Ils faisaient le plus grand éloge du projet de l'administration, qu'ils justifiaient dans toutes ses parties. Sur leur rapport, la Société, à la majorité de vingt sur vingt-deux votants, prit l'arrêté dont voici l'extrait :

« Un administrateur délégué par ses collègues résidera autant que possible sur l'établissement. Il sera chargé de tout ce qui concerne la fabrication, les ventes et la correspondance. Les grandes transactions n'auront lieu qu'avec le concours de trois administrateurs. »

L'on concentra ainsi les pouvoirs pour la besogne courante, on donna une action plus directe à toutes les opérations, et l'on s'assura d'un intérêt plus certain, en confiant la direction des travaux à un administrateur intéressé, plutôt que de la laisser dans les mains d'un employé salarié.

La perte de l'année, ainsi que les intérêts affectés à l'année 1832, que l'on fixa à 4 pour 100, furent couverts par le fonds de réserve qui se trouva ainsi réduit à la somme de 26,631 fr. 09 c.

1832. Les prévisions de l'administration ne tardèrent pas à se réaliser. Le 13 juin de l'année 1832, elle fit un rapport sur les opérations des sept premiers mois de la nouvelle année, commencée le 1er octobre 1831. Elle dit qu'elle était parvenue, au moyen d'une nouvelle comptabilité, à connaître mois par mois le montant approximatif des bénéfices ou des pertes. Elle fit part de toutes les économies et améliorations commencées, et qui déjà se faisaient sentir, puisque, d'après ses nouveaux calculs, elle était à même d'annoncer que les bénéfices réalisés pendant les sept premiers mois montaient à la somme de 77,311 fr. 32 c.

M. Roëttiers, en vertu de l'arrêté mentionné plus haut, fut délégué par ses collègues pour résider sur l'établissement.

Son premier soin en arrivant aux usines fut de s'appliquer à introduire dans toutes les branches du service les améliorations que commandaient les circonstances difficiles. Il convient de citer en première ligne l'économie apportée dans la consommation des combustibles; le meilleur emploi du temps des ouvriers, par l'introduction successive du mode de travail à tâche dans les principaux ateliers; enfin la réduction des frais de transport et de ceux de main-d'œuvre de toute nature.

L'administration annonça en même temps qu'un des éléments de prospérité future serait de diminuer le capital social; que si la Société avait pu l'augmenter depuis le décret impérial du 3 août 1808, elle pouvait par la même raison le diminuer, pourvu que ce ne fût point au-dessous de la somme fixée par l'acte social.

Les motifs de l'administration étaient basés sur la facilité qu'on avait alors de se procurer des cuivres au fur et à mesure des besoins, soit dans les marchés de France, soit en Angleterre; que les approvisionnements exigeaient ainsi un moindre capital, et qu'il y aurait par conséquent économie pour le service des intérêts. Conformément à cette proposition, il fut arrêté que l'on rembourserait à chaque associé 2,000 fr. par coupon d'action, soit le sixième de son capital, en deux paiements, moitié au 1er juillet, et moitié au 1er octobre suivant.

Le 21 novembre de la même année, l'administration donna le compte positif de l'exercice entier, finissant au 30 septembre. Le bénéfice, net de tous frais, était de 156,105 fr. 31 c. On arrêta alors de se distribuer un plus fort intérêt en 1833. On le porta à 5 pour 100. Il n'absorbait pas le montant des bénéfices. Le reste fut mis à la réserve, qui figura alors pour 72,797 fr.

Ce même jour M. E. Lecouteulx fut reconnu comme associé direct.

1833. Le 30 janvier 1833, les commissaires de la Société firent leur rapport sur la vérification des opérations de l'administration pendant l'année précédente. Ils provoquèrent les remerciments les plus vifs de la part de la Société pour les administrateurs qui n'avaient pas désespéré du salut d'un aussi bel établissement. On voulut bien encore apprécier le dévouement de M. Roëttiers, qui s'était déterminé à fixer sa résidence à Romilly pendant deux années.

L'administration, qui alors s'occupait plus exclusivement des travaux de la manufacture, acquit la conviction qu'il n'y avait plus à reculer pour les améliorations à apporter aux machines. Le moment était venu de mettre à exécution le nouveau système de fabrication qu'elle avait si bien apprécié dans son voyage en Angleterre. La concurrence la forçait à prendre ce parti. Les circonstances étaient d'ailleurs favorables. La révolution de 1830 se consolidait, et par cela même l'industrie prenait un nouvel essor. L'érection d'une grande quantité d'établissements pour la fabrication du sucre de betteraves promettait du travail pour longtemps; quoique Romilly se relevât à peine de ses dernières pertes, l'administration eut confiance dans l'avenir et dans son nouveau système de gestion économique. Elle fit partager à ses coassociés sa conviction que, quelle que fût la dépense à faire pour l'érection d'une usine montée sur le nouveau système, elle réussirait à la couvrir par les bénéfices à réaliser plus tard. On verra en 1836 que ses prévisions étaient justes et se sont même accomplies au delà des espérances, puisqu'à cette époque le fonds de réserve, toute dépense de construction payée, se trouva augmenté considérablement, et figura pour une somme de 578,075 fr. 27 c.

Le projet consistait à concentrer toute l'action des eaux du principal établissement (appelé le Perpignan) sur une seule roue que l'on renfermerait dans un vaste atelier, ce moteur devant donner le mouvement à une série de laminoirs placés à droite et à gauche.

La Société se rendit au vœu de l'administration, et ordonna qu'un devis de la dépense à faire lui serait présenté.

D'après cette décision, M. Lebrun, directeur, fut envoyé dans le Nivernais pour y étudier les diverses machines du genre de celles que Romilly voulait construire. A son retour, avant de se charger de la construction que l'on projetait, il émit des prétentions tellement onéreuses pour la Société, que l'administration n'y put souscrire. Il donna sa démission et se retira le 22 mai de cette année. Peu de temps après, M. Roëttiers recommença le voyage que M. Lebrun avait fait en pure perte pour la Société, vit par lui-même diverses usines, et y étudia principalement les roues dites à la Poncelet. A son retour, l'administration s'arrêta définitivement à ce genre de roue hydraulique qu'elle jugea être le plus convenable à la localité, et fit choix de M. Ferry, l'un des plus habiles ingénieurs constructeurs de machines, pour son exécution et celle des engrenages qu'elle commande.

Ce fut à cette époque que M. Mariette, ancien contre-maître général de l'établissement d'Imphy, proposa ses services à Romilly. L'administration jugea convenable de se l'attacher, et s'en félicita plus tard, par suite de divers procédés et améliorations qu'il introduisit dans la fabrication.

Vers la fin de l'année, l'administration rendit les comptes du présent exercice, dont les résultats furent encore supérieurs à ceux de 1832. Les bénéfices nets se montaient à la somme de 196,129 fr. 83 c. Aussi le 22 janvier suivant les commissaires vérificateurs firent encore une fois l'éloge du nouveau système de gestion. Dans cette séance, M. E. Lecouteulx, petit-fils de l'un de ces Lecouteulx qui ont été les fondateurs de la Société, fut nommé administrateur en remplacement de M. Drouin, qui lui-même, dans l'intérêt de l'affaire, appuya son élection. Ce jeune homme travaillait depuis dix-huit mois sous la direction de M. Roëttiers. Celui-ci revenant à Paris après deux ans de séjour aux usines, la Société nomma M. E. Lecouteulx pour le remplacer dans les fonctions d'administrateur résidant à Romilly.

Les travaux de construction de la nouvelle usine furent commencés le 1er avril 1834. Il fallut les exécuter concurremment avec les commandes les plus nombreuses et les plus variées que jamais Romilly ait eu à remplir. Pour y parvenir, l'administration fit le sacrifice de la fabrication du zinc pendant une année, et consacra tous les moyens des usines qui lui restaient au service du commerce pour les fournitures de cuivre.

Les nouveaux travaux de construction paralysaient une partie des ateliers du principal établissement. Ils les auraient anéantis entièrement, si l'on eût voulu établir plus commodément les fondations de l'usine, c'est-à-dire en tenant constamment les eaux basses. L'administration fit son calcul, et apprécia qu'il y avait encore un immence avantage à dépenser beaucoup plus, afin de ne pas renoncer à des fabrications dont les bénéfices, et surtout la convenance, devaient l'indemniser et au-delà de ce surcroît de dépense.

Cette circonstance d'une part, et des difficultés imprévues que l'on rencontra dans la démolition des fondations de l'ancienne usine; de plus, les perfectionnements de solidité et d'agrandissement auxquels on se décida en construisant, augmentèrent considérablement les frais que l'on s'était d'abord proposé de faire. Aussi, vers la fin de l'année, époque à laquelle les travaux étaient déjà très avancés, l'administration annonça à la Société que les dépenses qu'elle avait consenties pour l'érection de la nouvelle usine seraient dépassées de beaucoup. Malgré tous les embarras et les inconvénients qu'occasionnait la nouvelle construction, les résultats de l'année 1834 furent encore très beaux. Les bénéfices étaient équivalents à ceux de l'année précédente.

A cette époque, l'administration présenta à l'assemblée générale un projet d'acte de Société en renouvellement de celui qui existait depuis l'année 1803, et qui expirait le 31 décembre 1835. Des commissaires furent nommés, et se joignirent à l'administration pour s'occuper d'une rédaction définitive qui serait soumise aux sociétaires.

1835. Le 28 janvier 1835, la commission dont il vient d'être parlé fit son rapport. Le principe de renouvellement fut adopté à l'unanimité; mais quelques articles concernant la gestion administrative rencontrèrent l'opposition constante de trois sociétaires. Aux termes de l'acte constitutif de 1808, la Société se crut en droit, malgré cette opposition, de procéder à la rédaction d'un acte nouveau. Il fut passé devant M⁰ Desauneaux, notaire à Paris, et signé, tant directement que par procuration, par cinquante-quatre propriétaires sur les cinquante-huit qui composaient la Société. Cet acte, qui avait subi les changements et les améliorations que le temps amène en toute chose, fut envoyé au ministre du commerce, à l'effet d'obtenir l'ordonnance royale qui autoriserait l'existence de la Société sous la forme anonyme. Toutes les formalités furent remplies. L'avis du préfet du département de l'Eure fut demandé. Un expert du gouvernement vérifia les valeurs que la Société annonçait posséder. Son rapport fut favorable, et prouva que l'établissement des fonderies de Romilly était en pleine prospérité. Il ne s'agissait plus que d'avoir l'avis du conseil d'État. Ce fut alors que l'on rencontra de nouveau l'opposition de deux des co-associés non signataires de l'acte Desauneaux. On prétendit que l'acte n'était plus le même; qu'il y avait des changements dans le mode de gestion; qu'ainsi l'article final du dernier acte social n'avait plus d'action, et qu'en conséquence la majorité ne pouvait plus engager la minorité. Cet article final était conçu ainsi :

« Au 31 décembre 1835, la Société cessera d'être obligée. Elle se li-
» quidera ou se recréera de nouveau, suivant l'intention formellement
» émise par la majorité des sociétaires. »

L'administration qui, avant la décision du conseil d'État, connut les objections que l'on faisait à l'acte proposé, en informa la Société le 18 novembre. Celle-ci, préférant à une liquidation son ancien acte de société, quoiqu'il fût moins rationnel que le nouveau, se détermina à abandonner celui-ci, et prit, à l'unanimité des membres présents, l'arrêté suivant :

« La Société anonyme des fonderies de Romilly est et demeure recréée
» et renouvelée pour vingt-sept ans, à partir du 1er janvier 1836, sur les
» bases et conformément aux actes et délibérations qui l'ont constituée
» et ont réglé son mode de gestion, tels que ses actes et délibérations
» sont rappelés dans le décret de sanction du 3 août 1808. »

Cette nouvelle délibération fut envoyée au ministre du commerce, et soumise au conseil d'État. Elle y fut controversée de diverses manières. On prétendit que l'ancien acte de société était informe, et qu'il ne pouvait plus exister sous l'empire du nouveau Code de commerce. On recula cependant devant l'obligation si clairement exprimée plus haut relativement aux droits de la majorité, et l'on décida que sa validité devait être laissée au jugement des tribunaux.

Le conseil d'État, appréhendant néanmoins d'apporter la perturbation dans un établissement qui fait vivre un si grand nombre d'ouvriers et qui avait rendu d'éminents services à son pays, autorisa provisoirement l'existence de Romilly, sous le régime de ses anciens statuts, pour l'année 1836.

La forme, dans cette circonstance, a prévalu sur la raison, car les dissidents, avant l'expiration de l'ancien acte social, avaient hérité ou acheté leurs actions en connaissance de cause. Ils connaissaient les statuts qui régissaient la Société, et bien qu'il n'eût peut-être pas été équitable de consacrer le principe que la majorité pouvait lier la minorité pour un temps illimité, il était cependant de toute évidence que celle-ci avait au moins contracté l'obligation d'un renouvellement pour une période d'années égale à la première.

Le conseil d'État, en interprétant l'acte de Romilly de cette manière, eût rendu justice à tous, et n'aurait pas compromis l'existence d'un établissement aussi utile.

Malgré toutes ces contrariétés, la Société continua de prospérer. Les résultats de l'année 1835 procurèrent un beau bénéfice, formant environ 9 pour 100 sur le capital social.

L'administration fit part à l'assemblée générale de l'inauguration de la nouvelle usine, à laquelle sept propriétaires d'actions ont assisté. Cette belle construction, contiguë à la grande fonderie, avec laquelle elle ne fait pour ainsi dire qu'un même atelier, a 43 mètres de long sur 29 de large. La roue hydraulique est dans le milieu de ce vaste espace, et n'est masquée par aucune séparation. Son diamètre est de 5 mètres 70 centimètres sur une largeur égale. Cette roue, dite à la Poncelet, est à aubes courbes; sa force est de 55 à 60 chevaux. Au moyen d'engrenages en fonte qui sont placés à droite et à gauche, elle communique le mouvement à quatre laminoirs placés de l'un et de l'autre côté. Leur vitesse, multipliée par ces engrenages, est de dix-huit tours à la minute. Deux volants du poids chacun de 12,000 kilog., faisant soixante-dix tours à la minute, accumulent une force prodigieuse, et que le calcul n'a pas encore appréciée dans les premières secondes de leur action. Cinq fourneaux de recuit sont situés en face des laminoirs. Les auges à mariner, les grosses cisailles, sont placées commodément pour le service dans ce vaste atelier, dont toutes les principales parties sont dallées en fonte de fer.

La supériorité de cette machine sur les anciennes est telle qu'avec peu de dépenses en plus, on y confectionne trois fois autant de besogne.

Cette nouvelle usine, avec les canaux qu'il a fallu creuser et les outils accessoires qu'il était nécessaire de se procurer pour la mettre en mouvement, a coûté à la société la somme de 285,445 fr. 28 c.

La propriété territoriale de la Société consiste principalement dans la possession d'un cours d'eau d'une demi-lieue de longueur, avec toutes les rives et prairies adjacentes. Sept chutes ou retenues d'eau existent sur la rivière qui, dans une partie de son cours, se divise en deux bras.

Ce n'est qu'avec le temps que l'on est parvenu à se procurer tous les moulins qui existent depuis l'établissement de la tréfilerie qui est en tête de la propriété, jusqu'à celui des bocambres, le dernier en aval.

Vers la fin de 1835, un seul moulin, situé au milieu des propriétés de la Compagnie, appartenait encore à un étranger, maire de la commune de Romilly. La Société était perpétuellement en procès avec lui pour le soutenement des eaux de ses usines inférieures et supérieures. Une nouvelle action intentée par ce particulier faisait craindre que l'issue n'en fût défavorable, et les conséquences qui en seraient résultées auraient porté un grand préjudice à la marche du nouvel atelier que l'on venait de construire. L'administration n'ayant pas le temps de consulter la Compagnie, transigea sur ce procès avec le sieur Massinot, propriétaire du moulin, en lui achetant pour son compte particulier toute sa propriété qui consistait en deux chutes sur son bras de rivière, avec moulins à foulon édifiés dessus, et 9 hectares de terres et prairies en dépendant. Elle fut nécessairement obligée de souscrire à un prix de convenance. Cette acquisition coûta la somme de 133,000 fr.

Dans l'assemblée qui suivit cette transaction, l'administration fit part à la Société des motifs qui l'avaient guidée, et lui offrit la rétrocession de son acquisition qui faisait le complément indispensable de la propriété. D'après l'avis des commissaires nommés pour la vérification des opérations de l'année 1835, la Société accepta l'offre qui lui était faite par son administration.

A la fin de cette année, le 23 décembre, M. Dosne, ancien administrateur, donna sa démission pour cause de santé. M. Drouin, qui précédemment avait été membre de l'administration pendant trois ans, fut réélu à sa place.

1836. Le 27 avril 1836, l'administration rendit compte à la société de ses opérations pendant les six premiers mois de l'exercice commencé le 1er octobre précédent. Elle lui fit part de ses espérances sur des résultats qui devraient rivaliser avec ceux obtenus dans les années antérieures les plus heureuses. Ses motifs d'espoir étaient : 1° la certitude d'un travail constant pour tous les ateliers; 2° l'économie apportée dans la fabrication par le secours de la nouvelle usine. Enfin elle annonçait une augmentation considérable dans le prix des métaux, et assez heureuse pour la prévoir, elle avait acheté auparavant, à des prix modérés, toute la quantité de cuivres nécessaire au besoin de la fabrique.

En effet, le 16 novembre, elle rendit son compte annuel. Les succès obtenus dépassaient toutes ses espérances. Les fabrications de cette année étaient de l'importance de 1,472,020 kil. 80 cent. Le bénéfice net fut de 443,972 fr. 57 c.

Dans son rapport l'administration donna la récapitulation de tous les bénéfices obtenus pendant les cinq années de la nouvelle organisation administrative. Ils montaient à la somme de 1,190,003 fr. 58 c., soit 54 pour 100 sur le capital social de 2,200,000 fr. ou environ 11 pour 100 pour chacune de ces cinq dernières années.

L'administration eut le soin de faire observer à la Société que les beaux résultats obtenus cette année n'étaient pas seulement le fruit des nombreux travaux qui s'étaient exécutés; comme elle l'avait annoncé précédemment, ils provenaient en grande partie de l'augmentation extraordinaire des cuivres.

En effet, la marge bénéficiale qui existe aujourd'hui, eu égard à la grande quantité d'usines qui font concurrence à Romilly, ne permet plus d'espérer des bénéfices aussi grands que ceux obtenus dans certaines années.

Pour plus de clarté, l'administration scinda ce bénéfice en deux parties. Celui appartenant réellement à la présente année, et étant le résultat des travaux, s'élevait à . . . . 235,357 fr. 97 c.
Celui appartenant à l'évaluation des cuivres, à . 208,614   60

Total égal. . . . . 443,972 fr. 57 c.

Trois commissaires, MM. le comte de Bondy, baron de Tourolle et Lambert, furent nommés pour procéder à la vérification des comptes de cette belle année.

MM. les commissaires se transportèrent à Romilly pour remplir la mission dont ils étaient chargés.

Sur leur rapport, des remercîments furent votés à l'administration. Les opérations de l'année furent approuvées et le compte de gestion définitivement apuré.

La Société arrêta de prélever sur les bénéfices de l'année, la somme de 132,000 fr. pour le service des intérêts d'actions, à raison de 6 pour 100, pour l'année 1837.

Le surplus des bénéfices fut cumulé à la réserve, laquelle figure aujourd'hui pour la somme importante de 578,695 fr. 27 c.

Dans le cours de cette année, tous les moyens de conciliation furent épuisés pour tâcher de ramener la fraction dissidente de la Société au vœu de la très grande majorité qui avait pour but la rénovation des statuts avec les modifications utiles que le temps amène en toute chose.

Dès le 26 avril, deux personnes de la fraction dissidente avaient obtenu un jugement du tribunal de commerce qui renvoyait devant des arbitres les contestations à juger entre les associés de la Société.

Le tribunal arbitral fut constitué le 22 décembre; les plaidoyers sur les prétentions des parties furent entendus successivement et le 20 mars 1837 intervint une sentence arbitrale dont les principales dispositions furent :

« *Dissolution de la Société anonyme des fonderies de Romilly.*

» *Nomination de MM. Roëttiers, Drouin et Lecouteulx en qualité de liquidateurs de la Société, avec mission d'administrer et gérer toutes les affaires jusqu'au jour de la vente des usines; qu'à leur requête, poursuite et diligence, il serait procédé à l'audience des criées du tribunal de la Seine, à l'adjudication des usines de Romilly, y compris toutes leurs dépendances.*

» *Nomination de trois experts pour la prisée et estimation desdites usines.* »

Les trois liquidateurs ci-dessus nommés ne perdirent point un instant pour l'exécution du mandat qui leur était confié.

Ils provoquèrent d'abord une estimation prompte et consciencieuse des immeubles de la Société, ainsi que des objets réputés immeubles par destination existants dans toutes les usines.

Cette prisée, qui était le point de départ pour les enchères lors de l'adjudication, fut portée à 200,000 fr. au-dessus de la valeur qui y était affectée au dernier inventaire de la Société, c'est-à-dire à 1,250,000 fr. au lieu de 1,050,000 fr.

Cette formalité remplie, la plus grande publicité pour la vente fut donnée par les soins des liquidateurs, et le jour de l'adjudication fut fixé au 22 novembre 1837.

Longtemps avant cette époque, les trois liquidateurs avaient rédigé un nouvel acte de Société sur les mêmes bases que celui qui avant, avait été agréé par presque tous les actionnaires de l'ancienne Société.

Il fut souscrit par les neuf dixièmes des membres de la Société en liquidation et par un dixième d'étrangers : tous donnaient, par cet acte, pouvoir à MM. Roëttiers, Drouin et Lecouteulx, d'acquérir toutes les valeurs mobilières et immobilières de l'ancienne Société des fonderies de Romilly au prix qu'ils jugeraient à propos d'y mettre, et les autorisaient à gérer et administrer les usines dans le cas où ils se rendraient acquéreurs pour le compte de la susdite Société, et ce jusqu'au jour où ils auraient obtenu la sanction royale pour exister sous la forme de société anonyme.

Quinzaine avant l'adjudication, les liquidateurs avaient fait déposer au greffe du tribunal les états de tous les métaux, approvisionnements de toute nature, meubles meublants, etc., etc., montant ensemble à la somme de 1,810,734 fr. 49 c. que l'acquéreur était tenu de prendre et payer comptant en sus du prix de l'adjudication des immeubles dont il a été ci-dessus parlé.

MM. Roëttiers, Drouin et Lecouteulx comptaient pousser plus haut la mise à prix des immeubles : ils ont eu le bonheur de s'en rendre adjudicataires pour la Société, avec une enchère de 50 fr., c'est-à-dire pour la somme de 1,250,050 fr.

La nouvelle Société a pris livraison des usines, huit jours après l'adjudication, c'est-à-dire le 1er décembre.

Les liquidateurs se sont mis aussitôt en mesure de faire dresser, à partir de cette époque, l'inventaire général de toutes les valeurs de l'ancienne Société. Il détermine le prix exact en liquidation de l'ancienne action des fonderies de Romilly, à la somme de 75,000fr., laquelle sera remboursée intégralement aux actionnaires sortants et à ceux qui font partie de la nouvelle Société : 1° par la remise qui leur sera faite de nouvelles actions, valeur de 12,000 fr. chacune ; 2° par le solde qui leur sera donné en argent.

Ainsi s'est terminée la deuxième période de l'existence de la Société des fonderies de Romilly. Ses succès ont été constants ; elle en recommence une troisième qui ne peut manquer d'être fructueuse, si elle continue d'investir de sa confiance une administration sage et vigilante.

TABLEAU *de tous les métaux fabriqués et vendus, bénéfices, pertes, répartitions extraor-dinaires, et intérêts payés aux actionnaires des fonderies de Romilly, depuis l'origine de l'établissement jusqu'au 31 décembre 1836.*

ANNÉES.	CUIVRES DIVERS fabriqués et vendus. kil.	cent.	BÉNÉFICES en sus des intérêts. fr.	c.	PERTES. fr.	c.	RÉPARTITIONS extraordinaires. fr.	c.	INTÉRÊTS PAYÉS chaque année. fr.	c.
1783	90,863	18	»		»		»		»	
1784	123,857	55	»		»		»		»	
1785	100,830	83	»		»		»		»	
1786	241,676	66	»		»		»		48,000	»
1787	242,788	71	»		»		»		48,000	»
1788	752,600	97	»		»		»		96,400	»
1789	392,085	75	»		»		»		96,600	»
1790	436,302	61	»		»		»		96,000	»
1791	853,101	05	305,840	»	»		»		96,000	»
1792	618,685	»	300,000	»	»		(1) 800,000	»	96,160	»
1793	650,035	88	»		164,631	»	(2) 234,800	»	105,600	»
1794	587,092	22	185,037	»	»		(3) 59,675	»	105,600	»
1795	281,241	72	7,193	»	»		(4) 110,000	»	105,600	»
1796	210,103	49	992	25	»		»		105,600	»
1797	427,038	43	47,349	45	»		»		155,600	»
1798	422,930	00	183,075	20	»		»		105,600	»
1799	525,213	50	79,352	75	»		»		»	
1800	245,537	22	85,494	67	»		»		88,000	»
1801	776,181	61	»		188,806	»	»		88,000	»
1802	4,176	34	439,865	93	»		»		66,000	»
1803	531,842	64	181,707	40	»		»		105,600	»
1804	693,973	03	»		»		30,300	»	105,600	»
1805	380,758	97	6,932	05	»		»		»	
1806	409,654	»	»		80,766	»	»		105,600	»
1807	432,375	»	101,343	88	»		»		105,600	»
1808	834,602	90	98,717	30	»		»		105,600	»
	10,861,289	99	2,671,390	89	413,783	»	4,234,175	»	1,979,000	»

(1) Cette répartition a été faite aux porteurs des cinquante actions faisant fonds, en billets à neuf, dix et onze ans, portant intérêts à 6 pour 100 l'an. Il ont été soldés en capitaux.

(2) Cette répartition fut faite les 2 octobre et 4 décembre 1793, en assignats, par une somme de 770,000 liv. réduite à 234,800, suivant l'échelle de dépréciation du papier-monnaie.

(3) Cette répartition fut aussi faite en assignats pour la somme de 197,500 liv. et réduite comme ci-dessus.

(4) Cette répartition fut faite en cuivre fabriqué, soit 1,000 liv. par action, et estimé, à cette époque, à 2 fr. la livre.

ANNÉES.	CUIVRES ET ZINCS fabriqués et vendus. kil.	cent.	BÉNÉFICES en sus des intérêts. fr.	c.	PERTES ET RÉDUCTIONS de valeurs estimatives. fr.	c.	RÉPARTITIONS extraordinaires. fr.	c.	INTÉRÊTS PAYÉS chaque année. fr.	c.
1809	624,388	60	113,760	29	113,700	29	»		105,600	»
1810	534,185	90	7,137	96	»		»		105,600	»
1811	394,910	90	48,706	45	»		53,000	»	105,600	»
1812	359,819	»	25,455	23	»		»		105,600	»
1813	422,376	32	67,281	95	»		»		105,600	»
1814	375,356	86	50,027	95	89,481	30	»		105,600	»
1815	399,148	40	10,125	97	»		»		105,600	»
1816	561,689	28	49,287	54	»		»		105,600	»
1817	564,825	60	134,218	65	»		70,400	»	105,600	»
1818	609,582	86	134,789	78	»		70,400	»	105,600	»
1819	860,996	30	67,176	»	»		140,000	»	105,600	»
1820	825,535	52	337,127	60	»		70,400	»	105,600	»
1821	1,047,506	84	302,003	93	»		(*) 440,000	»	105,600	»
1822	1,126,973	43	461,979	69	»		(*) 220,000	»	105,600	»
1823	873,136	56	410,981	45	»		(*) 70,400	»	105,600	»
(*) 1824	1,263,776	14	143,783	4	»		880,000	»	158,400	»
1825	926,093	49	30,991	60	»		»		158,400	»
1826	1,072,655	48	236,107	40	»		»		158,400	»
1827	914,303	39	»		400,000	»	»		158,400	»
1828	804,461	21	9,070	21	»		»		158,400	»
1829	676,879	56	3,764	23	»		»		158,400	»
1830	604,609	76	»		20,337	50	»		158,400	»
1831	564,738	65	»		(*) 815,050	81	»		105,600	»
1832	1,071,871	18	48,165	81	»		»		105,600	»
1833	1,638,795	07	64,139	53	»		»		110,000	»
1834	1,380,118	97	80,016	80	»		»		132,000	»
1835	1,153,338	34	64,779	1	»		»		132,000	»
1836	1,119,928	58	311,972	57	»		»		132,000	»
1837									132,000	»
	22,399,384	57			635,549	90	2,013,200	»	3,519,000	»
					Pertes et réductions.				633,549	90
					Répartitions extraordinaires.				2,013,200	»
					Fonds de réserve au 1er janvier 1837 . .				576,693	27
			5,239,445	17	Total égal.				5,239,445	17

(*) La perte éprouvée en 1831 se compose de :
1° Perte réelle sur les opérations de l'année. . . . . 91,332 fr. 71 c.
2° Sous-évaluations de valeurs estimatives. 116,103 40
3° Intérêts de l'année suivante qu'il fallut prélever sur le fonds de réserve. . . . . . . 105,600 »
} 315,030 fr. 81 c.

(*) Cette répartition fut faite en billets à dix ans avec coupons d'intérêts à 6 pour 100 l'an.

(*) Cette répartition fut faite en billets à cinq ans avec coupons d'intérêts à 6 pour 100 l'an.

(*) Cette répartition eut lieu en capital d'action, de manière que l'action qui était précédemment de 40,000 fr. fut portée à 60,000 fr.

(*) A partir de 1824, on préleva sur les bénéfices la somme nécessaire pour le service des intérêts de l'année suivante. Ainsi, à dater de cette époque, pour connaître ce qu'une année a gagné, il faut cumuler le bénéfice aux intérêts de l'année suivante.

OBSERVATIONS

POUR L'INTELLIGENCE DU TABLEAU QUI PRÉCÈDE.

La première partie du tableau comprend les années pendant lesquelles la Société a existé en commandite.

La deuxième partie comprend les années pendant lesquelles elle a existé en Société anonyme.

Dans la première partie, quoique régulièrement extraite des livres de la Société, l'on ne trouve pas l'exactitude parfaite qui existe dans la seconde :

1° Parce que ce n'a été que plusieurs années après la naissance de la Société, que les écritures ont été tenues en partie double;

2° Parce que le régime du papier-monnaie a amené une grande perturbation dans l'établissement de tous les inventaires.

Par exemple, on trouve que le montant des bénéfices en sus des intérêts est de. 2,671,390 fr. 89 c.

Les répartitions extraordinaires sont de . . . . 1,234,175 fr. } 1,647,938
Les pertes. 413,763

Qu'est devenue la différence de . . . . 1,023,452 fr. 89 c.

L'administration qui a géré pendant les vingt-huit dernières années quoique étrangère à ce qui s'est passé précédemment, a voulu néanmoins se rendre compte de l'emploi de cet excédent de bénéfices.

On peut l'expliquer ainsi :

Les inventaires constataient les bénéfices suivant la valeur nominale du papier-monnaie, tandis que l'on a tenu compte de la dépréciation de ce papier dans la colonne des répartitions extraordinaires.

1° L'on retrouve ainsi une portion de la différence ci-dessus pour une somme de. . . . . 668,525 fr.

2° Ce même bénéfice a nécessairement encore

D'autre part. . . . . . . 668,525 fr.
servi à couvrir la valeur des cinq actions non faisant fonds, qui ont été créées par l'acte primitif pour. 160,000
3° Enfin la réduction de la valeur estimative des bâtiments et machines a pu former le complément de la somme nécessaire pour trouver l'emploi total des bénéfices ci-dessus. . . . . 194,927 fr. 89 c.

Somme égale. . . . . . 1,023,452 fr. 89 c.

La seconde partie du tableau, qui comprend les vingt-huit années pendant lesquelles la Société a existé sous la forme anonyme, présente une régularité mathématique. L'emploi des bénéfices en sus des intérêts se trouve au centime :

1° Par les pertes et réductions de valeurs estimatives ;
2° Par les répartitions extraordinaires ;
3° Enfin par le fonds de réserve qui existe au 1er janvier 1837.

Si maintenant on veut apprécier ce que la Société a gagné, il faut faire les calculs ci-dessous, d'abord sur l'ensemble des cinquante-deux années de son existence, et ensuite sur chacune des diverses séries, ainsi :

1° Les distributions faites aux actionnaires tant en intérêts qu'en répartitions extraordinaires, pendant les cinquante-deux années de l'existence de la Société, sont de l'importance de 8,770,975 fr.

Cette somme, toutes pertes balancées, représente à peu près 9 1/2 pour 100 par chacune des cinquante-deux années, sur le capital social de 1,760,000 fr. primitivement déboursés par les actionnaires.

2° Si l'on divise la répartition ci-dessus par chacune des deux séries du tableau, l'on trouvera que, dans les vingt-trois années de la Société en commandite, les répartitions extraordinaires et les intérêts cumulés ont produit 3,213,775 fr.

Cette somme représente environ 8 pour 100 par chacune des vingt-trois années sur le capital social de 1,760,000 fr.

3° Dans la série de l'existence de la Société anonyme, les répartitions extraordinaires et les intérêts sont de 5,557,200 fr.

Cette somme représente à peu près 11 1/2 pour 100 par chacune des vingt-huit années, y compris celle 1837, pour laquelle les intérêts sont gagnés et mis en réserve.

4° Et enfin, si l'on fait le calcul sur les cinq dernières années pendant lesquelles le siège de la Société a été transféré à Romilly, l'on trouvera que les actionnaires ont reçu en intérêts. . . . . 611,000 fr.
Le fonds de réserve a été augmenté, pendant ces cinq dernières années, d'une somme de. . . 552,063 fr. 58 c.

Ensemble. . . . . . 1,163,063 fr. 58 c.

ce qui représente à peu près 13 pour 100 sur le capital primitivement déboursé de 1,760,000 fr. Il en résulte que la série des cinq dernières années a été la plus fructueuse.

Ces divers calculs prouvent combien l'importance des fabrications, ainsi qu'une bonne et économique administration, ont influé sur les résultats.

En effet, dans la première série d'années, Romilly, presque seule fabrique de son espèce, faisait la loi au commerce, et fixait la marge bénéficiale qui lui convenait. Elle était dans ces premiers temps de 12 à 15 sous par livre de cuivre.

Dans la deuxième série d'années, une concurrence active, provoquée par l'érection de nombreuses fabriques, a fait descendre cette marge bénéficiale successivement à 4 sous par livre, c'est-à-dire au tiers de ce qu'elle était primitivement, et cependant on a gagné davantage.

SUITE DE LA NOTICE HISTORIQUE

DE LA LA SOCIÉTÉ ANONYME

DES FONDERIES DE ROMILLY

(EURE),

À dater du 1ᵉʳ décembre 1837 jusqu'au 30 septembre 1849.

Avant de faire l'historique de cette troisième période, il convient de compléter la deuxième période, laquelle s'est arrêtée à la détermination de la valeur des actions résultant de l'adjudication des usines.

La valeur nominale des actions de l'ancienne Société était de 50,000 fr. L'adjudication a donné de suite lieu à une répartition de 74,000 fr. par action. Ci . . . . 74,000 fr.

Il est resté pour faire face à une rente viagère de 1,500 fr., due par l'ancienne Société, un capital de 30,000 fr. Lequel sera réparti aux anciens actionnaires après la mort du rentier viager. Ci.   30,000 fr.

Il a été recouvré pour l'ancienne Société, par les soins de la nouvelle Société, différentes sommes qui se montent, y compris les intérêts dont la nouvelle Société tient compte en attendant la répartition, à.   21,472 fr.

Ensemble . . . . 51,472 fr.

Laquelle somme, divisée entre les 44 actions anciennes, donne pour chacune d'elles . . . . 1,169 fr.

Total par action liquidée . . . . 75,169 fr.

L'on peut donc dire en compte rond que l'action ancienne, par l'effet de la liquidation, a gagné 50 pour 100, soit 25,000 fr. par action.

Ceci posé, voici les modifications que ce bénéfice apporte dans les calculs d'intérêts moyens qui ont été spécifiés à la fin de la notice des deux premières périodes.

Ainsi, à présent, l'on peut dire sûrement le bénéfice total fait par la Société de Romilly pendant les 52 années de son existence, courues du 1" janvier 1787 au 30 novembre 1837 est de :

1° Première période, société en commandite. . 3,213,775 fr. »
2° Deuxième période, société anonyme. . . . . 5,557,200 »
3° Complément de la deuxième période par plus-value de 25,000 fr. de chacune des actions par l'adjudication. . . . . 1,100,000 »

Total des bénéfices. . . . 9,870,975 fr. »

Cette somme, toute perte balancée, sur le capital de 1,700,000 fr. primitivement déboursé par les actionnaires, représente pour chacune des 52 années d'existence des deux premières périodes.

Un intérêt moyen de 10 fr. 78 c. pour 100.

Si l'on divise l'ensemble des bénéfices ci-dessus par chacune des deux périodes, l'on trouve que la première période, Société en commandite, pendant ses 23 années d'existence, a gagné 3,213,775 fr. soit 8 pour 100.

La deuxième période, Société anonyme, pendant les 29 années de son existence, a gagné 6,657,200 fr., soit par an 13 pour 100.

TROISIÈME PÉRIODE

De la Société anonyme

DES FONDERIES DE ROMILLY,

Datant du 1" décembre 1837.

14 février et 2 mai 1838.

L'adjudication des usines de l'ancienne Société ayant eu lieu le 22 novembre 1837, la nouvelle Société qui se composait des 9/10° des sociétaires de la Société dissoute et de 1|10ᵉ de nouveaux sociétaires, prit possession des usines le 1ᵉʳ décembre 1837.

MM. Roëttiers, Drouin et Lecouteulx, tous les trois commissaires de la Société pour la gestion et la liquidation de l'ancienne Société, firent faire un inventaire général qui comprenait 14 mois courus du 1ᵉʳ octobre 1836 jusqu'au 30 novembre 1837. Ils le présentèrent à l'assemblée générale des actionnaires le 14 février 1838.

Ce dernier inventaire pour compte de l'ancienne Société présentait un bénéfice de 316,052 fr. 34 c., résultant de la fabrication et de la vente de 1,861,341 kil. 79 d. de cuivre rouge, laiton et zinc.

Dans leur rapport, à l'appui de l'inventaire, ils donnent un aperçu de la valeur à laquelle ressortira l'action ancienne, composée de 5 coupures d'actions, et dont la valeur nominale est de 50,000 fr.; ainsi ils disent :

Le capital social est de.	2,200,000 fr.	» c.
Le fonds de réserve est	578,695	27
Le bénéfice des derniers 14 mois.	316,052	34
Plus-value des immeubles donnée par l'expertise qui a précédé la vente.	201,646	10
Ensemble	3,296,393 fr.	71 c.
Somme qui divisé par 44 actions donne pour chacune d'elle.	74,916 fr.	08 c.

L'on a vu plus haut que cet aperçu approchait bien de la vérité, puisque le compte final porte le remboursement de chaque action à 75,161 fr.

Ils disent encore que le fonds social qui en 1824 fut élevé de 1,760,000 f. au chiffre de 2,640,000 fr. par des bénéfices capitalisés, a été réduit en 1832, par une répartition de 440,000 fr., au chiffre de 2,200,000 f. et que ce fonds social va être relevé par la nouvelle Société, toujours par le même moyen de bénéfices capitalisés, au chiffre de 2,640,000 fr. représenté par 220 actions de 12,000 fr. chacune.

Un nouvel acte de société anonyme est présenté à la nouvelle Société pour une durée de 30 années, qui coureront à partir de la date de l'ordonnance royale qui le sanctionnera.

Dans l'assemblée générale du 2 mai, les commissaires de la Société proposent et les sociétaires décident que l'usine des ponts sera reconstruite suivant le nouveau système hydraulique, et que cet établissement sera éclairé au gaz; les commissaires annoncent que déjà le remboursement des anciennes actions est effectué jusqu'à concurrence de 74,000 f., et pour faciliter les finances de la Société, les actionnaires anciens, faisant partie de la nouvelle Société, consentent à laisser en compte courant à la caisse de la Société chacun une somme de 6,000 fr., moyennant l'intérêt de 5 pour 100 l'an.

<small>1er exercice de 10 mois au profit de la nouvelle Société.</small>

Le 12 décembre suivant, les commissaires de la Société font leur rapport sur l'exercice de 10 mois écoulés du 1er décembre 1837 au 30 septembre 1838, à l'effet de rétablir la périodicité des années commerciales de Romilly du 1er octobre de chaque année au 30 septembre de l'année suivante.

Ils annoncent un bénéfice de 164,581 fr. 11 c. Sur cette somme, 5 pour 100 sont distribués aux actionnaires pour dividende afférant à l'année, et le restant de ces bénéfices montant à la somme de 54,581 f. 11 c. est porté en dégrèvement des frais d'adjudication des usines.

Dans le tableau des opérations qui termine la présente notice, l'on verra que cette somme figure en première ligne à la colonne des réductions de valeurs.

<small>1839.</small> Dans l'assemblée suivante, du 16 janvier 1839, les commissaires liquidateurs de l'ancienne Société annoncent aux actionnaires que par ordonnance royale, du 3 janvier présent mois, la Société anonyme des fonderies de Romilly est autorisée pour trente années, à partir de cette date; en conséquence, aux termes du nouvel acte de société, l'assemblée générale des actionnaires nomme ses administrateurs. Savoir : M. Roëttiers pour trois ans, M. Drouin pour deux ans, et M. Jouët pour un an, à l'effet de rétablir le renouvellement annuel et par tiers de l'administration, avec faculté de réélection.

A cette époque la valeur de l'établissement est fixée à la somme de 1,448,970 fr. 45 c.

Cette somme se compose :

1° Du prix d'adjudication.	1,250,050 fr. »
2° Des frais d'ajudication, enregistrement et frais d'acte.	61,340 »
3° D'une plus-value sur le prix des cuivres, lesquels furent portés au cahier d'enchères au prix qu'ils avaient et qui baissa tout à coup de l'importance de (1).	137,580 45
Total égal. . . .	1,448,970 fr. 45 c.

L'administration étant nommée, elle procède conformément à l'acte de société, à l'organisation de la gérance de Romilly. M. Lecouteulx, l'un des commissaires liquidateurs de l'ancienne Société, est nommé gérant à la résidence de Romilly, et M. Félix-Guillaume Laveissières, gérant à Paris.

Le 28 avril eut lieu l'inauguration de l'usine des Ponts, qui venait d'être terminée. Les frais de cette réédification montaient à 190,484 fr.

Le 20 novembre 1839, l'administration rend compte à la Société des opérations de l'année; elle annonce un bénéfice de l'importance de. . . . . 176,491 fr. 14 c.
et propose de se distribuer une dividende de 5 pour 100, soit. . . . . 132,000 »

Le surplus des bénéfices de. . . . 44,491 fr. 14 c.

est porté comme l'année précédente en dégrèvement de la valeur immobilière de la Société.

1840. Dans sa réunion du 29 avril suivant, la Société autorise l'administration à faire construire un moulin à foulon sur l'emplacement d'un moulin à blé ruiné de vétusté et appelé moulin à blé des Deux-Amants, à l'effet d'utiliser sa chute d'eau aujourd'hui sans emploi. La dépense est

---

(1) Le prix des cuivres, lors de la confection des états annexés au cahier d'enchères, était de 250 fr. par 100 kilogrammes; au moment de l'adjudication il avait baissé et n'était plus que de 225 fr. : c'est cette différence qui augmente le prix de l'adjudication d'autant.

évaluée à la somme de 33,000 fr., et la location de ce moulin est aussitôt portée à celle de 4,750 fr. par an.

Plus tard, le 18 novembre, l'assemblée générale des actionnaires apprend avec satisfaction que les bénéfices de l'année sont de l'importance de 181,248 fr. 75 c., et adopte, sur l'avis de l'administration, de ne se distribuer que 5 pour 100 de dividende; le restant des bénéfices, valeur de 49,248 fr. 75 c., est encore consacré à l'amortissement des valeurs immobilières.

Le 9 décembre, sur le rapport de MM. Rousseau, Larnac et Bocheron-Saint-Ange, commissaires vérificateurs de l'inventaire, et par leur organe, la Société dit :

« Mettons au premier rang de nos besoins celui de témoigner à
« M. Roëttiers notre reconnaissance et laissons à nos successeurs un
« témoignage de ce sentiment en même temps qu'un encouragement
« à l'imiter.

« Les actionnaires ont la réputation d'être ingrats et d'oublier les ser-
« vices loyalement rendus : protestons contre cette prévention ; léguons
« à nos successeurs le souvenir de notre gratitude; que l'usine du Per-
« pignan, d'une étymologie énigmatique, dont M. Roëttiers de Monta-
« leau a pendant deux ans dirigé lui-même, et sur les lieux, la recon-
« struction change de nom; qu'elle s'appelle désormais usine Roëttiers-
« de-Montaleau, et qu'un marbre fixé sur ses murs porte ces mots :

« USINE ROETTIERS-DE-MONTALEAU.

« Délibération de l'assemblée générale des actionnaires, du 9 dé-
« cembre 1840. »

1841. Dans le rapport du premier semestre de l'année 1841, l'administration fait part à l'assemblée générale d'une inondation extraordinaire de l'Andelle par suite d'une fonte subite des neiges dans la vallée et des ravages occasionnés par la hauteur des eaux, qui fut telle que les plus anciens du pays ne pouvaient s'en remémorer une pareille. Elle fait part encore de la rupture de l'arbre de sa grande roue hydraulique de l'usine Roëttiers-de-Montaleau, et se plaît à reconnaître le zèle et les soins de

M. Lecouteulx, gérant de Romilly, qui a pu réussir en seize jours à faire repasser un arbre neuf.

Dans son rapport du 24 novembre suivant, elle rend compte des opérations de l'année, et annonce un bénéfice de 290,109 fr. 01 c., le plus beau depuis sa reconstitution; elle propose un dividende de 6 pour 100, et demande encore que la somme de 131,709 fr. 01 c., restant du bénéfice, soit employée en dégrèvement des valeurs immobilières.

Ces propositions sont acceptées.

Elle annonce avoir traité de plusieurs brevets pour la fabrication des épingles; industrie qu'elle désire introduire à Romilly, pour faciliter l'écoulement de sa fabrication de fils de laiton, qui commence à lui échapper.

Elle dit qu'elle va commencer cette fabrication sur une petite échelle à l'effet de ne s'y livrer complétement, que si la réussite était satisfaisante.

L'on verra plus tard que les inventions les plus séduisantes, n'aboutissent pas toujours au but que l'on se proposait, et que l'erreur est quelquefois le résultat des combinaisons humaines.

MM. Rousseau, Larnac et Lambert, commissaires, nommés pour la vérification de l'inventaire de cette année, et qui les premiers avaient provoqués un nouveau classement dans les écritures pour les frais généraux, classement qu'ils désignent sous la dénomination de typpage de chaque nature de dépense, félicitent M. le gérant de Romilly, relativement à l'exécution de leur vœu, ce qui a facilité singulièrement les vérifications qu'ils ont eu a faire.

1842. Le 4 mai suivant, l'assemblée générale des sociétaires autorise l'administration à faire reconstruire l'usine des deux Amants, conformément au nouveau système hydraulique déjà adopté pour celles du Roëttiers-de-Montaleau et des Ponts.

Elle décide encore que la maison d'habitation qui est occupée par M. le gérant de Romilly et Messieurs les administrateurs et commissaires de la Société, lors de leurs voyages, sera augmentée et réparée convenablement.

Le 22 novembre 1842, l'administration annonce à la Société que les travaux par elle autorisés pour l'usine des des Deux-Amants sont tellement avancés, qu'elle espère que cet atelier pourra fonctionner vers les premiers jours de février 1843.

Quant à la maison d'habitation, elle annonce que les travaux d'agrandissement sont effectués, et qu'avec le complément du mobilier, la dépense totale s'est élevée à 27,009 43 c.

Son rapport sur les opérations et les travaux de l'année, ainsi que celui de Messieurs les commissaires vérificateurs sont des plus remarquables et des plus étudiés de tous ceux qui ont été faits depuis plusieurs années.

L'administration et Messieurs les commissaires conçoivent de grandes espérances sur l'essai en grand de la fabrication des épingles : Messieurs les commissaires rendent compte de leurs impressions en ces termes :

« Nous avons vu un fil de laiton saisi, coupé, fixé dans une roue tournante, frappé par deux petits marteaux articulés en forme de bras, confectionnant en deux fois la tête de l'épingle, la présentant à trois limes circulaires faisant 1700 tours à la minute pour former la pointe, et enfin, la présenter terminée au repoussoir qui la fait tomber dans le récipient commun. Dans cette opération, la main de l'homme ne paraît pas ; nous avons cru à la possibilité de la réussite, car une seule machine confectionne 70 épingles à la minute, soit 4200 à l'heure.

» Quoique toujours en garde contre les innovations non éprouvées par le temps et l'expérience, n'oublions pas cependant que Napoléon, d'illustre mémoire, assurait un prix d'un million à celui qui filerait le lin à la mécanique. »

Le bénéfice de cette année est net de la somme de. 235,363 fr. 50 c.
6 p. 100 sont distribués aux actionnaires, soit . . 158,400
La différence en plus de 76,963 fr. 50 c. est portée en dégrèvement du prix des cuivres pour une somme de. . . . . . . 70,144 fr. 32 c.
et le reste pour commencer un fond de réserve de la somme de. 6,819 18

Somme égale 76,963 50

Cette année l'administration a fait faire une nouvelle estimation des usines par deux experts versés dans ces sortes d'appréciations, ce sont M. Granger, constructeur d'usines et M. Antoine Lecouteulx, négociant à Rouen.

Leur évaluation porte la valeur totale des établissements et du fonds territorial à la somme de. . . . . 1,859,896 fr.
tandis qu'elle n'était portée à l'inventaire que pour. 1,480,198   25 c.

différence en plus. 379,697   75

L'administration, d'après ses appréciations étudiées avec soin, dit que cette somme trouvée en plus de valeur est suffisante pour réduire à l'instant même la valeur de toutes les usines existantes au prix de démolition, c'est-à-dire qu'en cas de liquidation, l'on retrouverait la valeur donnée aujourd'hui à toutes les usines dans l'inventaire, par le prix de leurs matériaux en démolition et par la vente des fers et fontes au prix de matières brutes.

Elle dit qu'il résulterait de cette manière d'opérer, que l'amortissement aurait été fait d'une seule fois par l'inventaire de 1843 pour toute la durée de la Société.

Cette proposition appuyée par Messieurs les commissaires vérificateurs de l'inventaire, est approuvée par la Société, de plus, il est arrêté qu'un amortissement annuel porté en dépense avant tout dans les inventaires, aura lieu sur toutes les nouvelles usines, ou machines qui seront construites ou introduites sur l'établissement de Romilly, savoir : pour les bâtiments par vingt-sixième de leur valeur, d'année en année, sur la somme qui excédera celle des matériaux en démolition, et pour le mobilier industriel par dixième sur la somme qui excédera la valeur des métaux considérés comme matière brute non œuvrée.

Dans le grand amortissement dont il vient d'être question, se trouve compris le premier fait sur l'épinglerie, montant à la somme de 36,512 fr. 80 c.

1843.   L'administration, dans son rapport du 3 mai 1843, annonce que l'usine des deux Amants est réédifiée suivant le nouveau système hydraulique, qu'elle fonctionne bien, et que la dépense totale a été de la somme de 145,441 fr. 98 c.; que, suivant le dernier arrêté de la Société, elle entrera en amortissement à la fin de l'exercice courant.

Elle annonce encore avoir reçu l'ordonnance royale qui règle la hauteur de toutes les chutes d'eaux de la Société, et se félicite de ce règlement qui fixe à jamais le sort de la propriété et lui assure une valeur supérieure à celle qu'elle avait déjà.

Le 22 novembre suivant, l'administration présente à la Société l'inventaire général arrêté, comme d'usage, le 30 septembre de cette année.

Le bénéfice net monte à la somme de 217,840 fr. 77 c.

Dans son rapport très circonstancié des opérations de l'année, elle rend compte des réparations importantes qu'il a fallu faire à l'usine à gaz : 1° par la substitution du principal artère de conduite, en tuyaux de fonte au lieu de tuyaux en zinc bitumés, abandonnés partout aujourd'hui à cause de leur prompte détérioration; 2° par le renouvellement du gazomètre qui était en zinc et qu'il a fallu reconstruire en tôle forte.

En attendant les diverses confections de ces objets, il fallait réparer l'ancien gazomètre criblé déjà de soudures.

Malgré toutes les précautions prises, et que le gazomètre eut paru vide de gaz, en raison des boursouflures qui existaient à la calotte de ce récipient, il restait, sans que l'on pût s'en douter, une assez grande quantité de gaz qui, mêlé à de l'air atmosphérique, était susceptible de s'enflammer instantanément. C'est malheureusement ce qui est arrivé pendant que trois ouvriers, sur le faîte du gazomètre, terminaient les dernières soudures ; une explosion violente eut lieu, et les trois malheureux furent lancés en l'air et périrent instantanément. Un instant plus tôt cette détonation eût causé un bien plus grand malheur pour la Société par la perte de M. Lecouteulx, gérant de Romilly, qui descendait du sommet du gazomètre dont il venait d'inspecter les travaux.

La Société a réparé, autant qu'il était en son pouvoir, cet affreux malheur, en accordant des pensions aux trois veuves de ces malheureux ouvriers.

La réparation de cette usine et la prolongation du principal artère jusqu'à l'usine des Deux-Amants ont coûté 8,519 fr. 44 c.

L'administration annonce encore son intention de construire un douzième gros marteau pour la fabrication des fonds de chaudières : le devis des dépenses pour cet objet monte à 24,531 ; enfin, après une distribution de 6 pour 100 aux actionnaires, le restant des bénéfices, de l'importance de 59,440 fr. 79 c., est consacré pour la somme de 53,209 f. 12 c. à l'amortissement des cuivres, et pour celle de 6,231 fr. 67 c. au fond de réserve.

1844. L'administration, dans son rapport du 3 mai 1844, annonce le décès du sieur Sudd, l'un des inventeurs des machines à épingles, qui a suivi celui du sieur Nicolson de peu de temps; elle fait part des difficultés qui naissent à cet égard de la part du dernier inventeur survivant, le sieur Windsor, difficultés qu'elle espère applanir; elle dit que depuis le 1er janvier dernier, tous les transports des métaux sont confiés à la voie de fer, qu'il en résultera une économie très saillante; elle annonce encore une concurrence à outrance de la part de diverses usines nouvellement créées, ce qui lui fait craindre que la présente année soit nulle pour ses résultats.

En effet, dans le rapport sur l'inventaire de 1844, elle dit que, bien que les bénéfices du premier semestre de cette année aient été évalués à 95,838 fr., la baisse des prix de fabrication a été telle dans le deuxième semestre, que non-seulement elle a privé de bénéfices, mais encore qu'elle a absorbé une partie de ceux du premier semestre, tellement que le bénéfice de l'année se trouve réduit à 34,944 fr. 02 c.; elle espère que les concurrents se lasseront de vendre à perte et que les prix de vente des cuivres fabriqués se relèveront.

Il n'est distribué cette année aux actionnaires que 2 pour 100 de dividende, ce qui absorbe la somme de. . . . . . . 66,000 fr. 00 c.
Mais comme le montant des bénéfices n'est que de 34,944   02

Il en reste une différence de. . . . . 31,055 fr. 98 c.
Qui est couverte en partie par le fond de réserve de 13,050 fr. 83 c.

Et quant au déficit de. . . . . 18,004 fr. 15 c.
on espère le couvrir par les bénéfice de l'année suivante.

A l'époque du rapport de messieurs les Commissaires vérificateurs de l'inventaire l'espérance revenait dans le sein de la Société, l'administration lui fait part que les prix de ventes sont relevés et que sa position actuelle se trouve analogue à celle des années précédentes.

Messieurs les commissaires, dans leur rapport, félicitent M. le gérant de Romilly sur le nouveau procédé du coulage des cuivres jaunes et du nouvel atelier reconstruit et établi avec succès pour cet usage.

1845. L'administration, dans son rapport du 30 avril 1845, annonce à l'assemblée générale des actionnaires que l'économie qui est résultée du transport des métaux par la voie de fer, a été, dans la révolution d'une année, de l'importance de 10,500 fr., soit de 0,85 c. par 100 kil. sur une quantité d'un million de kilogrammes.

Elle dit que la différence de nos succès avec ceux qu'obtiennent les Anglais, ne provient pas d'une différence de travail, mais seulement de ce que ceux-ci commencent leur industrie au traitement du minerai de cuivre; que conséquemment leur bénéfice résulte de la différence du prix de ce minerai à celui du cuivre œuvré, tandis qu'en France, qui est privée de mines de cuivre, le bénéfice ne s'obtient que par la différence du prix du cuivre déjà mis en lingots par les Anglais, à celui de ce même cuivre fabriqué.

L'administration, frappée de cette idée, annonce à la Société qu'elle a envoyé en Algérie un ingénieur chargé d'explorer les contrées métallifères, à l'effet de solliciter ensuite une concession de mine de cuivre.

Elle annonce de plus, à cet égard, avoir traité avec un monsieur Dumartroy, d'une concession de mine de cuivre par lui acquise en Toscane; par son traité avec lui, elle s'engage à dépenser jusqu'à concurrence d'une somme de 20,000 fr.; et pour s'édifier sur la valeur de cette exploitation, elle envoie un ingénieur de son choix pour vérifier et commencer les travaux d'exploration. Le résultat de ces investigations, suivant son rapport du 26 novembre 1845, fut que des filons, en apparence très-beaux, se sont réduits à rien en les suivant; elle a donc renoncé à cette acquisition, ce dont elle s'était réservé le droit en abandonnant une somme de 23,339 fr. qui avait été dépensée.

Quant aux recherches faites en Algérie, elles ont paru fructueuses, d'après le rapport de l'ingénieur; une concession de mines a donc été demandée sur les terrains explorés; mais les efforts de l'administration de la Société ont été infructueux pour l'obtenir, et elle en a encore été pour les frais qui ont monté à la somme de 2,232 fr. 50 c.

Enfin, elle fait part à la Société qu'un successeur de l'un des inven-

teurs des machines à épingles, après des essais successifs, n'ayant pu réussir à les faire de manière que la pointe ne laissât rien à désirer, elle avait pris le parti de signifier aux inventeurs ou ayant-droit qu'elle abandonnait cette industrie, qui, après des efforts de toute nature, n'avait eu pour résultat que des pertes considérables. Elles sont évaluées dans le rapport des commissaires, à la somme de . . . . . . 94,268 fr. 87 c.
Sur laquelle, comme on l'a vu plus haut, il a déjà été amorti la somme de 36,512   80

Restera celle de. 57,756 fr. 07 c.
qui sera prélevée sur les premiers bénéfices.

Le bénéfice net de l'année est fixé à la somme de. . 118,175 fr. 66 c.

Ce bénéfice existe indépendamment du déficit de 1844, qui se trouve anéanti, ainsi que les pertes sur les mines de Toscane et les recherches en Algérie, indépendamment des prélèvements pour l'amortissement des usines nouvellement créées, prélèvement fait pour les années 1844 et 1845, et cela conformément à l'arrêté de la Société.

L'assemblée générale décide de distribuer sur ce bénéfice un dividende de 4 pour 100. Le reste, montant à la somme de 12,575 fr. 66 c., est consacré de nouveau au commencement d'un fond de réserve.

1846.   L'administration, dans son rapport du 29 avril 1846, fait part du résultat des opérations du semestre écoulé, qui lui fait espérer une année passable.

Elle annonce ensuite que le roi a accordé une croix d'honneur à la Société de Romilly, dans la personne de l'un de ses membres, M. Drouin, à titre d'encouragement et de récompense pour les efforts constants qu'elle a fait pour le perfectionnement de l'industrie des cuivres fabriqués, perfectionnements qui ont d'ailleurs été constatés lors de toutes les expositions de l'industrie nationale par la médaille d'or, décernée à l'établissement lors de l'exposition de 1819, et par le rappel constant de cette médaille aux expositions qui ont eu lieu depuis. M. Drouin a dit que cette distinction l'attachait de plus en plus à Romilly et que tous ses efforts tendraient constamment à justifier l'honneur qui lui était fait.

Le 9 décembre suivant, l'inventaire général est présenté à la Société;

il constate un bénéfice net de 137,596 fr. 82 c., déduction faite des gratifications accordées aux employés.

Sur cette somme il est prélevé un dividende de 5 pour 100, et le reste de 5,596 fr. 82 c. est affecté au fond de réserve.

Les commissaires vérificateurs, dans leur rapport approuvent la proposition de l'administration, et présentent un nouveau plan de régie intéressée entre la Société et tous les employés supérieurs et secondaires. Ce plan consiste en une retenue de un quart jusqu'à moitié sur les traitements ; retenue qui serait perdue par eux, si les bénéfices ne faisaient que couvrir 5 pour 100 pour un dividende à prélever avant tout au profit des actionnaires ; mais par compensation, au delà de 5 pour 100, le surplus des bénéfices se diviserait par tiers, savoir, le premier tiers à répartir proportionnellement entre tous les employés et les deux autres tiers restant à la disposition de la Société pour être employés en amortissement, fond de réserve ou augmentation de dividende.

1847. L'administration, dans son rapport semestriel, annonce des résultats favorables qui lui font espérer de beaux bénéfices pour la présente année 1847 ; elle fait part à la Société d'un projet de loi sur les douanes, lequel admettrait en franchise tous les cuivres nécessaires à la construction des navires français, ce qui équivaudrait au retranchement du quart au tiers de toutes les fabrications des usines du genre de celles de Romilly. Les réclamations faites par les administrateurs de la Société de Romilly, conjointement avec les usines rivales, ont fait rejeter ce projet.

Dans cette année malheureuse pour les subsistances, la Société fait des sacrifices pour venir au secours de ses ouvriers indigents, et par les soins de M. le gérant de Romilly, des secours en nature sont distribués, de manière à compenser le haut prix des denrées alimentaires.

Le 24 novembre suivant, l'administration rend compte de toutes les opérations de l'année et, conformément à ses prévisions déjà énoncées plus haut, elle présente un beau bénéfice montant net à la somme de 227,285 fr. 39 c.

Elle dit dans son rapport que la variation du prix des cuivres est telle, que souvent dans les inventaires l'estimation des valeurs métalliques était erronée, et que pour rentrer dans le vrai, ces estimations doivent dorénavant être le résultat du prix moyen de tous les cuivres achetés dans l'année; que l'élévation du prix des cuivres bruts a été favorable pour opérer ainsi cette année, parce qu'en le faisant, une somme de 71,345 fr. 95 c. en plus de valeur, a mis à même d'éteindre de suite la somme de 58,866 fr. 36 c., solde de la perte sur l'entreprise de la fabrication des épingles.

En réponse au projet de régie intéressée, proposé par MM. les commissaires vérificateurs de l'exercice de 1846, l'administration a dit qu'elle y trouvait bien des inconvénients, et même certains dangers qu'elle a tous énumérés dans son rapport; que, d'ailleurs, cet état de choses ne serait tolérable qu'autant qu'il y aurait bénéfice; mais qu'en cas de perte ou d'un simple bénéfice de 5 pour 100, les employés se résoudraient difficilement à perdre de la moitié au quart de leurs appointements : la suite justifiera promptement ces prévisions quand on verra que par suite des évènements politiques, dans les années 1848 et 1849, on n'a pu donner que 4 pour 100 aux actionnaires.

L'assemblée générale des actionnaires n'a pris aucune détermination à cet égard, s'en rapportant à son administration sur le mode définitif qu'il conviendrait d'adopter relativement à la gérance.

Quant à l'emploi des bénéfices de l'année, la Société a décidé d'en prélever une somme de 158,400 fr., pour être affectée à un dividende de 6 pour 100 sur le capital des actions, et le surplus, de l'importance de 68,885 fr. 39 c., a été porté au compte du fonds de réserve.

1848. Par suite de la révolution du 24 février 1848 et de la crise commerciale qui en est résultée, l'administration n'a pu faire son rapport semestriel que le 21 juin de cette année, et pour donner plus de sécurité à MM. les actionnaires, au lieu de faire comme à l'ordinaire à cette époque du semestre, une approximation, elle a fait faire un inventaire pour les huit mois écoulés du 1ᵉʳ octobre 1847 au 31 mai 1848. Il en est résulté la preuve d'un bénéfice de 99,050 fr. 15 c., ce qui s'explique par les travaux importants qui furent exécutés dans les cinq premiers mois qui ont précédé la révolution.

Elle fait part à la Société de l'anxiété dans laquelle elle s'est trouvée, de la suspension subite de tous les travaux, des sacrifices faits par tous les administrateurs, gérants, employés, et même par les ouvriers qui se sont soumis avec le plus grand dévoûment à ne travailler que trois jours par semaine.

Enfin, elle annonce que la catastrophe qui a atteint tant de maisons du premier ordre, a également forcé la maison J. J. Laveissières et fils à suspendre ses paiements, malgré qu'elle fût fort au-dessus de ses affaires.

Elle dit que, par une circonstance unique et toute exceptionnelle, cette maison n'était pas en avance vis-à-vis de la Société des fonderies de Romilly, ainsi que cela avait toujours existé depuis ses relations avec la Société, que c'était au contraire la Société de Romilly qui était créancière de ces messieurs d'une somme de 319,148 fr. 29 c., qu'elle avait dû souscrire à un atermoiement, et leur accorder trois ans pour se libérer successivement, en tenant compte des intérêts de retard à raison de 5 pour cent l'an (1).

Le 29 novembre suivant, l'administration présente à la Société, l'inventaire général arrêté le 30 septembre dernier, duquel il résulte un bénéfice net de 139,086 fr. 01 c.

Elle fait part à l'Assemblée de la démission que lui a donnée M. Félix-Guillaume Laveissières, de ses fonctions de gérant et dépositaire des cuivres de la Compagnie pour l'époque du 1er novembre présent mois.

Elle dit qu'une expérience de plusieurs années lui a prouvé qu'un négociant quelque dévoué qu'il soit, eu égard à ses propres affaires, ne peut faire toutes les démarches indispensables aux placements des produits des usines.

Elle produit un tableau comparatif des dépenses affectées au mode de vente qui vient de cesser, tels que commission, ducroire, transit, magasinage, etc., etc... avec les nouvelles dépenses qu'il faudra faire pour que la Société gère son dépôt de Paris par ses propres agents; elle apprécie les pertes qui pourront résulter des faillites, qu'elle évalue de 5 à 6,000 fr. par an, malgré que la moyenne des pertes des dix dernières années ait été très inférieure à ce chiffre : il résulte de cette comparaison que l'économie pourrait être d'environ 20,000 fr. par an.

En conséquence, sur la proposition de son administration, l'Assemblée générale adopte le nouveau mode de gestion du dépôt de Paris et

---

(1) 75 pour 100 sont payés en 1850.

confirme la nomination du nouveau gérant de Paris dans la personne de M. Louis-Hyppolite Lebon, présenté par la maison Lecoulteulx de Rouen et par MM. Laveissières eux-mêmes.

Le 3 janvier 1849, MM. les commissaires vérificateurs de l'inventaire de 1848 font leur rapport à la Société; ils félicitent l'administration de ses efforts constants pour les succès de l'entreprise, soit par l'exécution large des améliorations signalées dans ses rapports précédents, soit par le secours de ses propres capitaux.

Ils félicitent également M. Lecoulteulx gérant, de Romilly, sur la confection bien entendue du tableau, connu sous le nom de typpage de toutes les dépenses, tableau qui est principalement l'œuvre de M. Rousseau et qui facilite singulièrement toutes les vérifications à faire sur l'ensemble de toute les dépenses.

Ils adhèrent à toutes les propositions renfermées dans le rapport des administrateurs, ne provoquant qu'un seul changement d'application dans l'emploi du restant des bénéfices.

En conséquence l'Assemblée générale arrête que la somme de 105,000 fr. sera prélevée sur les bénéfices pour distribuer aux actionnaires un dividende de 4 p. 0/0; et que le restant sera affecté : savoir, une somme de 10,000 fr. en amortissement du matériel roulant et celle de 23,436 fr. 01 c., portée au compte du fonds de réserve qui se trouverait ainsi élevé à la somme de 110,543 fr. 38 c.

1849. L'administration, dans son rapport semestriel, en date du 2 mai 1849, fait part à la Société de la reprise de plus en plus soutenue des travaux de la manufacture; elle se félicite sur la nouvelle branche d'industrie qu'elle a introduite à Romilly, savoir la fabrication des tubes de locomotives de chemins de fer, industrie qui s'agrandit graduellement, et qui a nécessité d'y affecter un local spécial dans la cage d'un moulin non loué depuis quelque temps.

Dans son rapport suivant, le 21 novembre, elle présente à la Société l'inventaire général qui fait ressortir les bénéfices de l'année à une somme nette de 130,646 fr. 98 c.

Elle donne à l'appui du nouveau système de placement des cuivres à Paris, l'état vrai des dépenses effectuées, comparées à ce qu'elles auraient été avant.

Cette comparaison faite pour les onze mois courus du 1" novembre 1848 au 30 septembre 1849 démontre une économie de 10,529 fr. 12 c., économie qui eût été bien plus saillante si l'activité des usines eût été ce qu'elle était avant la révolution de 1848.

L'administration annonce encore, avec une satisfaction qui est partagée par l'unanimité des actionnaires que, sur sa demande et sur la proposition du jury de l'exposition des produits de l'industrie nationale, le Président de la République a accordé à M. Lecouteulx, gérant des fonderies de Romilly, la décoration de la Légion-d'Honneur ; les beaux produits de Romilly qui avaient fait décerner à la Société la médaille d'or en 1819, et le rappel de cette même médaille à toutes les expositions suivantes, lui faisait espérer cette récompense nationale en faveur de son coassocié qui la mérite à tous égards, tant par les services qu'il rend journellement à la Société, que pour l'essor qu'il a donné à l'industrie des cuivres à Romilly.

L'administration, après avoir comme toujours rendu compte de tous les travaux des usines, propose la distribution d'un dividende de 4 pour 100 pour 1849, et de porter le surplus des bénéfices, de l'importance de 25,046 fr. 98 c., à l'extinction d'autant sur la valeur des cours d'eau, qui depuis plusieurs années sont moins recherchés à cause du plus grand emploi de la vapeur.

L'assemblée générale adopte toutes ces propositions.

Enfin, dans l'inventaire de cette année, la balance au profit de l'ancienne Société, pour solde de la liquidation opérée en 1837, est de . . . . 21,472 fr. 80 c.
dont la répartition sera faite aux anciens sociétaires à l'extinction d'une rente viagère de 1,500 fr., ce qui rendra libre un capital de 30,000

Ensemble. . . . . 51,472 fr. 80 c.

Laquelle somme porterait aujourd'hui la répartition à faire à celle de 234 fr. par action de 12,000 fr.

TABLEAU des opérations de la Société anonyme des fonderies de Romilly, depuis le 1er décembre 1837 jusqu'au 30 septembre 1849.

ANNÉES.	CUIVRES et ZINC FABRIQUÉS ET VENDUS.	BÉNÉFICES.	RÉDUCTION DE VALEUR	DIVIDENDES PAYÉS.	FONDS DE RÉSERVE.	
	kilog.	fr. c.	fr. c.	fr.	fr.	
1838	1,188,428	164,581 11	54,581 11	110,000		
1839	1,334,800	176,491 14	44,491 14	132,000		
1840	1,953,573	181,248 75	49,248 75	132,000		
1841	2,117,296	290,109 01	131,709 01	158,400		
1842	1,701,130	235,363 50	70,144 32	158,400	6,819 18	} 13,050 83
1843	1,691,488	217,640 77	53,209 12	158,400	6,231 65	absorbé par le
1844	1,559,795	34,944 02	9,806 80	66,000		déficit de 1844.
1845	1,550,349	157,985 86	11,998 25	105,600		
1846	1,680,672	150,596 82	13,000 »	132,000	12,575 66	
1847	1,711,997	241,836 04	15,550 65	158,400	5,596 82	
1848	1,025,379	154,705 18	15,619 17 / 10,000 »	105,600	65,885 39	
1849	1,027,301	146,266 15	15,619 17 / 25,046 98	105,600	23,486 01	
	18,532,198	2,151,968 35	519,024 47	1,522,400	110,543 83	

Les bénéfices annoncés dans les rapports de l'administration sont diminués dans ce tableau des sommes qui ont été votées par la Société pour gratifications aux employés.

D'un autre côté, ces bénéfices sont augmentés de l'amortissement des usines de nouvelle création, puisqu'ils ont servi à les opérer.

En 1844, année où il y a eu perte, le commencement du fonds de réserve de 13,050 fr. 83 c. est absorbé pour couvrir d'autant le déficit.

En 1845, le bénéfice annoncé est augmenté, non-seulement des amortissements de 1844 et 1845, mais encore de la somme de 18,005 fr. 15 c., reliquats du déficit de 1844; car il a dû être tel pour anéantir ce déficit et servir les amortissements.

Toutes les pertes annoncées dans la présente notice, telles que épingleries, faillites, recherches de mines, etc., ne figurent point au présent tableau : elles ont été absorbées successivement par les bénéfices qui ont été diminués d'autant.

La moyenne des fabrications des douze années du tableau

est, pour chacune d'elles, de. . . . . 1,544,348 kil.
La moyenne des dividendes aux actionnaires est de. 5 pour 100.
Le total des bénéfices des douze années est de. 2,151,968 fr. 35 c.
　　　　Son emploi est ainsi :
Dividendes payés. . . . . 1,522,400 f. »
Réduction de valeur et amortissem^t. 519,024 47 } 2,151,968 f. 35 c.
Fonds de réserve. 110,543 88

www.ingramcontent.com/pod-product-compliance
Lightning Source LLC
LaVergne TN
LVHW021719080426
835510LV00010B/1054